Görlach | Demokratie. 100 Seiten

* Reclam 100 Seiten *

ALEXANDER GÖRLACH, geb. 1976, lehrte und forschte in verschiedenen Positionen an den Universitäten Harvard (USA) und Cambridge (GB). Der promovierte Theologe und Linguist ist als Journalist, Publizist und Honorarprofessor für Ethik und Theologie an der Universität Lüneburg tätig.

Alexander Görlach

Demokratie. 100 Seiten

RECLAM

Meinen Freunden Burkhard und Gunter, für die Jahre gemeinsamen Drückens der Schulbank

2021 Philipp Reclam jun. Verlag GmbH,
Siemensstraße 32, 71254 Ditzingen

Umschlaggestaltung nach einem Konzept von zero-media.net
Bildnachweis: S. 64: CC-BY-2.0 / FDR Presidential Library & Museum;
S. 72: CC-BY-SA-2.0 / Padraic Ryan; S. 89: CC-BY-3.0 / Suffrage Atelier;
Autorenfoto: © Hong Kiu Cheng
Druck und Bindung: Eberl & Koesel GmbH & Co. KG,
Am Buchweg 1, 87452 Altusried-Krugzell
Printed in Germany 2021
RECLAM ist eine eingetragene Marke
der Philipp Reclam jun. GmbH & Co. KG, Stuttgart
ISBN 978-3-15-020580-8

Auch als E-Book erhältlich

www.reclam.de

Für mehr Informationen zur 100-Seiten-Reihe:
www.reclam.de/100Seiten

Inhalt

Warum Demokratie?

Es gibt keinen Moment in der Geschichte, in der Demokratie erfunden worden oder in dem sie fertig und perfekt gewesen wäre. Immerfort stellen sich uns dieselben Fragen, etwa wie ein gutes und gerechtes Gemeinwesen aussehen sollte, in dem Menschen zufrieden zusammenleben. Der Versuch, solche Fragen zu beantworten, hat letztlich auch dazu geführt, den demokratischen Gedanken entstehen zu lassen. Der Gedanke wurde weiterverfolgt und nicht verworfen. Und auch heute noch ist die Demokratie nicht perfekt.

Das Fragen nach einem guten und gerechten Gemeinwesen berührt die für das politische Denken wichtigste Frage: Wer ist der Mensch? Ein Mensch lernt die Welt zwar von seinem Standpunkt aus kennen, ist dabei aber zeitlebens auf die anderen angewiesen. Er verbringt mit sich selbst die meiste Zeit und kann gleichzeitig ohne Mitmenschen nicht überleben. Diese Spannung bestimmt jedes politische Denken. Darf ein Einzelner über alle herrschen oder haben alle ein Recht darauf, über ihr Leben selbst zu verfügen? Begegnen sich im Gemeinwesen prinzipiell Gleiche oder ist eine Gruppe wichtiger oder besser und kann daher über andere bestimmen?

Wer nach dem Menschen fragt, fragt also nicht nur nach ihm als Individuum, sondern auch nach ihm als Teil der Gattung. Gerechte Herrschaft heißt deshalb auch, Verantwortung füreinander zu übernehmen.

Doch wo endet diese Verantwortung: vor meiner Haustür, an der Landesgrenze – oder wird der Bogen viel weiter gespannt, Verantwortung zu entgrenzen, weil alle mit allen und alles mit allem zusammenhängen? Auch wenn dem Menschen heute viele Gesetzmäßigkeiten seines Handelns bekannt sind, treiben ihn doch eine Vielzahl von Faktoren an, die ihm nicht immer bewusst sein müssen. Er funktioniert nicht wie eine mathematische Gleichung. Auch aus diesem Grund gibt es keine Formel dafür, was gute Politik ausmacht.

Herrschaft ist dann legitim, wenn sie sich als gegenüber dem Menschen verpflichtet und sich ihm verantwortlich weiß. Politik muss für das gute und gerechte Leben der Menschen eingesetzt werden. Legitime Herrschaft ist daher immer emphatisch, sozial und kosmopolitisch. Eine solche Politik dient dem Menschen, nicht umkehrt.

Freiheitliche Gesellschaften ermöglichen dem Einzelnen ein auf diese Weise gutes und gerechtes Leben. Es ist kein Zufall, dass diese Gesellschaften ausnahmslos Demokratien sind.

Ein Gedankenexperiment

Die erste Sozialkundestunde, die mir als Vierzehnjährigem in der neunten Klasse gegeben wurde, begann mit einem Gedankenexperiment:

»Stellt euch vor«, sagte der Lehrer, »eure Klasse macht einen Ausflug mit dem Schiff auf dem Meer. Plötzlich sinkt euer Kahn und ihr rettet euch gerade so auf eine nahe gelegene einsame Insel.«

Jugendliche in diesem Alter sind voller Wanderlust und Tatendrang. Uns fiel es also daher nicht schwer, uns an den Strand eines warmen Eilandes in die Südsee zu versetzen. Doch der Lehrer schien unsere Gedanken lesen zu können: »Sicher denkt ihr jetzt daran, euch an der aromatischen Milch der Kokosnuss zu laben und es euch gut gehen zu lassen.« Alle nickten. »Schön und gut: Aber wer von euch kann auf eine Palme klettern und Kokosnüsse regnen lassen? Wer kann sie fangen, öffnen, und wer wird, schließlich, ihren kostbaren Saft – vergesst nicht, ihr seid umgeben von salzigem Meer und habt noch kein Süßwasser gefunden – verteilen?« Kurzum: Unser Lehrer Herr Grießhammer wollte wissen, wer von uns, wie man im jugendlichen Jargon unserer Zeit sagte, zum »Bestimmer« auf dem Eiland werden würde.

Die Situation, die wir uns vorstellen sollten, würde sich jedoch als deutlich komplizierter erweisen, als wir zuerst gedacht hatten: Unser Anlanden auf der einsamen Insel markiert den Beginn eines neuen Gemeinwesens. Ob Rettung kommen wird, ist ungewiss. Von daher ist es besser, nicht jenen unbestimmten Zeitpunkt in der Zukunft ins Auge zu fassen, sondern im Hier und Jetzt eine Ordnung zu etablieren, um uns allen das Zusammenleben in diesem, wie es die politischen Philosophen nennen, »Naturzustand«, zu ermöglichen und uns unsere Leben zu sichern. »Naturzustand« ist hier ein anderer Begriff für ein Chaos, das es zu überwinden gilt. Dabei ist es keineswegs ausgemacht, welchen Weg eine junge Gemeinschaft wie die unsere auf der Insel einschlagen wird: Werden wir darüber abstimmen, wer der oder die Bestimmer werden sollen? Oder reißt sich einer von uns eine wichtige Ressource auf der Insel unter den Nagel und sichert sich so, mit ein paar treu ergebenen Vasallen, die Herrschaft über den Rest, die ein Leben in Abhängigkeit führen müssen?

Der Weg aus dem Chaos wird von denen bestimmt werden, die den anderen eine realistische, packende Vision des neuen Lebens unserer Gemeinschaft zeichnen können. Dabei wird es vor allem darum gehen, wer Sicherheit für Leib und Leben etwa gegen äußere Feinde oder die Unbilden der Natur gewährleisten kann. Es wird um Besitz-, Verteilungs- und Gerechtigkeitsfragen gehen: Gehören die frei wachsenden Kokosnüsse der Gemeinschaft? Schlafen wir alle gemeinsam in einem großen Saal oder errichten wir einzelne Hütten auf dafür zugeteilten (von wem, für welchen Zeitraum oder welche Dauer?) Parzellen? Unabhängig davon, für was wir uns entscheiden, ist doch klar, dass jeder Ausgang aus dem Naturzustand dem Wunsch folgt, uns zusammenzuschließen, um gemeinsam das zu tun, was ein Einzelner nicht zu tun in der Lage wäre.

In einer ersten Zusammenkunft auf dem künftigen Marktplatz unserer kleinen Inselsiedlung werden meine Mitschüler für sich in Anspruch nehmen, ihre Meinung zu äußern. Indem sie das tun, betreten sie den politischen Raum, die Polis, wie es im antiken Griechenland, dem Mutterland der Demokratie, genannt wurde. Unsere kleine Zivilisation ist zu Beginn am ehesten mit diesem griechischen ›Stadtstaat‹ (so lautet eine der Übersetzungen von *polis*) vergleichbar. Für diese öffentliche Rede, den Austausch von Argumenten, den Streit, über den man zu einer tragfähigen Übereinkunft kommen kann, werden Normen etabliert, die darüber entscheiden, wer wann wie lange und in welcher Form öffentlich sprechen darf. In der antiken Polis wurde beispielsweise Frauen diese Form der Beteiligung verwehrt, an der Öffentlichkeit teilzuhaben – ein Makel, der bis ins 20. Jahrhundert hinein das Ideal der öffentlichen Teilhabe aller am Gemeinwesen unterlaufen sollte: Gleichberechtigung ist und bleibt eine Aufgabe. Bei uns auf der Insel würden selbstverständlich die Mädchen und die Jungen gleiches Rederecht eingeräumt bekommen. Sollen darüber hinaus andere Kriterien eine Rolle spielen, etwa, ob jemand aus der Stadt, in der unser Gymnasium lag, oder nur aus einem der kleinen Vororte stammt? Sollte gar Religion entscheidend sein?

Gehen wir einmal idealtypisch davon aus, dass diese Unterschiede keine Rolle spielen würden: In diesem Falle müssten wir unserer Gemeinschaft, damit unsere Neugründung eine Zukunft beschieden sein würde, eine Erzählung geben, ein Narrativ, wie es in der Sozialwissenschaft genannt wird, also eine Geschichte, die unserem Zusammenleben einen Sinn geben kann. Wir würden uns fragen:

> Warum sind wir hier gestrandet? Sind wir Ausgestoßene aus der Welt, die wir kannten, aufgrund eines Vergehens, das wir begangen haben? Oder sind wir gar Auserwählte, dazu bestimmt, diese Insel zu kultivieren und unserer neuen, kleinen Nation dadurch Ruhm und Ehre zuteilwerden zu lassen?

Es würde kein Weg daran vorbeiführen, dass wir uns in dieser Form irgendwie zu unserer Gemeinschaft verhalten.

Nach 45 Minuten endete unsere Zeit auf dieser Insel, der Gong entließ uns zurück in die wirkliche Welt, deren eigentliche Ordnung wir nun, so war zu hoffen, etwas besser zu verstehen beginnen sollten.

Demokratie im Wandel der Zeit

Eine gerechte Ordnung, so meine Grundthese, kann nur in einer Demokratie verwirklicht werden. Die Teilhabe an einer gerechten Gesellschaft umfasst politische und soziale Aspekte: Wir sollen uns in ihr in der Öffentlichkeit bewegen und an ihr teilnehmen dürfen sowie Zugang zu jenen Gütern haben, die wir zum Leben brauchen. Nur die Demokratie hat als Gesellschaftsform sowohl den Einzelnen im Blick als auch die Gemeinschaft im Blick, zu deren Aufbau und Erhalt alle beitragen sollen.

Was bedeutet nun Demokratie? Die Demokratie als Staatsform hat seit ihren Anfängen in der griechischen Polis einen weiten Weg zurückgelegt. Dabei bleibt sie hinter den Idealen, für die sie steht, zurück. Es gehört zum Eigenverständnis dieser Gesellschaftsform, dass Demokratie sich immer entwickelt und nie perfekt ist, es also zum Wesen der Demokratie gehört, Mängel wahrnehmen und klug auf sie reagieren zu können – eine Fähigkeit, die Autokratien abgeht, da diese nicht auf das Wohl des Menschen, sondern auf den Erhalt der eigenen Dominanz achten. Eine demokratische Gesellschaft ist eine Gesellschaftsform, die mit sich ringt, die keine letzten Gewissheiten kennt, die mutig ist, sich Herausforderungen zu stellen.

Besonders in diesem Punkt unterscheidet sie sich von Tyrannei, Despotie oder Autokratie, in der ein Einzelner allein bestimmt und herrscht und den nur sein eigenes Wohl interessiert und nicht das aller anderen. Die Erzählungen von Tyrannen, Despoten und Autokraten, ihre Narrative, handeln von Erwählung, Ausgrenzung, Unterwerfung, Sieg und Überlegenheit. Sie konzentrieren sich auf die ethnische Herkunft, Religion oder Sprache jener Mehrheit, zu der sie selbst gehören. Aufgrund dieser Merkmale behaupten sie, dazu berufen zu sein, über die anderen in der Gesellschaft zu herrschen.

Eine Herrschaft der Mehrheit über die Minderheit hat nichts mit jener Demokratie, wie wir sie heute kennen, zu tun. In ihr wird über Herrschaft nicht aufgrund äußerer Merkmale von Menschen entschieden. Es geht vielmehr darum, Mehrheiten für bestimmte Politikentwürfe zu gewinnen: Gezeigt werden muss, dass diese Entwürfe für die Gemeinschaft relevant sind. Dabei kann die Mehrheit von heute die Minderheit von morgen sein. Denn Menschen mögen in der einen Frage so, in der anderen wiederum ganz anders denken und entsprechend abstimmen. Auch politische Parteien, die das politische Denken vieler in sich bündeln, können ihre Vorstellungen im Lauf der Zeit ändern und bestimmten Entwicklungen angleichen. Eine Demokratie, in der solche politischen Parteien tätig sind, ist daher flexibel und beweglich, sie zementiert die gesellschaftliche Ordnung nicht, schon gar nicht aufgrund zufälliger Merkmale, für die die Betreffenden nichts können. Denn niemand sucht sich aus, als wer er geboren wird, sei es als Frau oder Mann, als Gesunder oder Kranker, als Armer oder Reicher, als Hetero-, Homo- oder Transsexueller. Der Weg aus dem Naturzustand in eine demokratische Gesellschaft führt über die Ausschaltung solcher Unterschiede. Entscheidend bei diesem Ausgang aus dem Naturzustand, den **Thomas Hobbes** (1588–1679) als »bellum omnium contra omnes«, als »Krieg aller gegen alle« bezeichnet, ist der Wille zur Anerkennung der Freiheit jedes Menschen. Dieser Gedanke ist modern: Er wurde im Zeitalter der Aufklärung entwickelt, dessen Grundlagen aber bis ins Altertum zurück reichen.

Grundlagen von der Antike ins Heute

Die griechische und römische Antike bleibt für das heutige Verständnis von Demokratie grundlegend, weil wir viele politische Erscheinungsformen mit Begriffen bezeichnen, die ihre Wurzeln in der griechischen Sprache haben: Demokratie auf der einen, Tyrannei, Despotie, Autokratie auf der anderen Seite. Die Fragen nach der guten und gerechten Herrschaft, nach dem guten Leben im Staat, bleiben zentral für den demokratischen Gedanken im Lauf der Zeit. Dass diese Fragen immer wieder aufs Neue gestellt werden und gestellt werden müssen, ist der Tatsache geschuldet, dass jede neue Generation Menschsein und Zusammenleben mit anderen neu für sich entdecken und erlernen muss. Die politischen Prinzipien der Demokratie sind nicht vererbbar: Solidarität und Empathie bilden die Grundlage jedes gerechten Gemeinwesens. Das Verständnis für das Leben der anderen, eine Sprache, mit der sich alle begegnen und in der sich alle austauschen, die Regeln der Argumentation und des Diskurses können in den würdevollsten Dokumenten niedergeschrieben sein. Wenn Menschen sich nicht von ihnen einnehmen lassen, hat die Demokratie keinen Bestand. Bereits in der antiken Vorstellung dessen, was Politik ist, stand deshalb der lernende Mensch im Mittelpunkt aller

Überlegungen. Die Griechen meinten damit sowohl gebildet in einem schulischen und universitären Sinne als auch ethisch und moralisch ausgerüstet zu sein. Ohne eine solch umfassende Bildung als Ergebnis von Erziehung und Unterweisung ist kein Staat zu machen.

Bis heute ringen Gemeinwesen um die Umsetzung dieser Ideale. Dabei sind nicht alle großen Philosophen Freunde der Demokratie gewesen: **Platon** (um 428–347 v.Chr.) etwa meint, dass die Demokratie Teufelszeug sei. *Démos* bedeutet im Griechischen ›Volk‹, *krateîn* ›herrschen‹. Die Demokratie, die ›Herrschaft des Volkes‹, ist Platon deshalb nicht geheuer, weil das Volk ungebildet sei und sich nicht an den Fakten (*epistéme*, ›Wissen‹) orientiere, sondern sich der Emotion (*dóxa*, ›Meinung‹) hingebe und von ihr fortreißen lasse. Normalerweise übersetzen wir das griechische *démos* mit ›Volk‹, Platon würde es hingegen eher mit ›Mob‹ wiedergeben: Er fürchtet den permanenten Naturzustand, das Chaos. Diese Furcht begegnet uns in den großen Freiheitsbewegungen der westlichen Neuzeit wieder, der Amerikanischen und der Französischen Revolution (1775/76 und 1789–99): Auf beiden Seiten des Atlantiks werden Traktate geschrieben und Verfassungen verabschiedet, die »dem Mob« Einhalt gebieten und ihm die Möglichkeit verwehren sollen, das gerade abgeschüttelte Joch der Monarchie durch ein freiwillig aufgesetztes, neues Joch zu ersetzen.

Das antike Denken über das Gemeinweisen ist jedoch nicht von vornherein demokratisch. Platons bekanntestes Werk *Politeia* wird der in der englischen Ausgabe mit *The Republic*, im Deutschen hingegen angemessener mit *Der Staat* übersetzt. Dieser kleine Unterschied hat es in sich, denn *politeía* meint ganz allgemein eine Vergemeinschaftung von Menschen. Sie hat das Ziel, aus dem Naturzustand hinaus in eine geordnete Welt zu gelangen. Der deutsche Philosoph **Immanuel Kant** (1724–1804) wird diesen Sachverhalt so ausdrücken: Das Staatswesen ist die »Vereinigung einer Menge von Menschen unter Rechtsgesetzen«. Das bedeutet: In dem Moment, in dem mehr als eine Person mit einer anderen sich austauscht, interagiert, einigen sich diese beiden auf gewisse Regeln für diese Interaktion. In der griechischen Polis, die vergleichsweise wenig Einwohner hatte, taten die Menschen Ähnliches und einigten sich über die Regeln ihres Zusammenlebens, die sie festlegten bzw. kodifizierten und deren Übertritt sie rechtlich und sozial sanktionierten.

Eine Republik und eine Demokratie stellen in diesem Sinne beide Staatswesen dar. Diese beiden beruhen aber jeweils auf eigenen Annahmen, die nicht miteinander deckungsgleich sind. Der Unterschied liegt vor allem darin, wem es in den jeweiligen Staatswesen gestattet ist, Politik zu machen, also öffentlich zu sprechen, zu agieren und Entscheidungen zu fällen. Und bei Platon sind nur jene zu so etwas bestimmt, die aufgrund ihres Status sich nicht in den Niederungen der Meinungen (so eine Verständnisweise von *dóxa*) bewegen müssen. Die ›Besten‹, die ›Exzellenten‹ (*areté*) – also die männlichen Vorsteher der Familien – dürfen sich auf den Markplatz stellen und ihre Sicht der Dinge darlegen. Auf diese Weise verkörpern sie die Gesellschaftsordnung der *Aristokratie*, der ›Herrschaft der Besten‹: Dort verkörpern die Aristokraten Wissen und tugendhaftes Streben, das Volk hingegen Unwissenheit und von Instinkten geleitete Handlungen.

Platons politische Weltsicht wurde bereits von seinem Schüler **Aristoteles** (384–322 v. Chr.) kritisiert, der große Gefahren für aristokratische Gesellschaften sah: Die ›Herrschaft der Besten‹ kann nämlich entweder in die ›Herrschaft von Experten‹ (Oligarchie) oder in die ›Herrschaft der Reichen‹ (Plutokratie) ausarten. In beiden Formen herrscht eine kleine Minderheit aufgrund ökonomischer und sozialer Vorteile über die große Mehrheit der Menschen. Aristoteles verachtete diese beiden Regierungsformen so sehr wie Platon die Demokratie. Platons ideale Herrschaftsform verdichtet sich in der Idee des »Philosophen auf dem Königsthron«, der Bildung und edle Tugenden in sich vereint, und, indem er gerecht herrscht, einer gerechten Gesellschaft vorsteht. Einer solchen idealisierten, auf eine Elite begrenzte Form konnte Aristoteles wenig abgewinnen. Der Blick in die Realität zeige, dass es in der Welt anders zugehe und weise Könige die Ausnahme bilden. Aristoteles würde daher im Zweifel für die Demokratie votieren, jedoch ist ihm auch bewusst, dass der demokratische Anspruch hinter der Wirklichkeit zurückbleibt. Er wirbt daher für eine Mischform aus sowohl demokratischen als auch aristokratischen Elementen.

Auch für Aristoteles ist es eine Tatsache, dass eine ganzheitliche Ausbildung zentral ist, um den Menschen zu befähigen, in der Gemeinschaft zu handeln. Die Philosophin **Hannah Arendt** (1906–1975) stellt drei Komponenten heraus, die zusammengenommen das menschliche Wesen bestimmen: Da ist zu allererst seine Fähigkeit zur Muße, also eine Fähigkeit zur Kontemplation. Kommt diese Befähigung bei Platon den auserwählten Besten aufgrund ihres Standes zu, so ist Aristoteles der Meinung, dass grundsätzlich alle Menschen dies können. Platon unterscheidet zwischen dem arbeitenden Volk, das nur Meinungen haben und arbeiten kann, und jenen Bürgern, die Zeit und Fähigkeit für Muße und Kontemplation haben, Politik betreiben können und nicht arbeiten müssen. Die Besten nutzen ihr Wissen für die Politik. In der antiken Gesellschaft wurden die Stände streng voneinander getrennt, und sie blieben es auch.

Die Notwendigkeit, das Medium Sprache zu beherrschen, und seine grundlegende politische Verfasstheit, dass er in Gemeinschaften leben muss, machen den Menschen erst zum Menschen. Diese Anlage, sich mit Sprache auf die Welt zu beziehen zu können, befähigt den Menschen erst zu handeln. Alles (politische) Handeln gründet sich in dem, was über das Handeln gesagt wird. Antike Staatsmänner werden oft als »Orator« bzw. »Redner« bezeichnet. Arendt weist mit Nachdruck darauf hin, dass diese grundlegende Befähigung, in sozialen Kontexten durch Sprache Handlungen zu bewirken, eine Öffentlichkeit voraussetzt, die sich vom Bereich des Privaten unterscheidet.

Die Sprache, so meinen die Linguisten **John Searl** (* 1932) und **John Langshaw Austin** (1911–1960) mit den Worten ihrer Zeit, ist immer Sprache im Gebrauch: Jeder Sprechakt ist eine Handlung, die auf eine Handlung als Antwort hofft. Mit der Aussage »Es ist kalt hier im Zimmer« könnte der Sprecher die Bitte ausdrücken wollen, dass der Hörer das Fenster schließt – oder sich entschuldigen, es nicht geschlossen zu haben – um nur zwei Möglichkeiten zu nennen. Dabei geht es immer darum, dass eine sprachliche Äußerung und eine Handlung direkt miteinander verbunden sind. Damit solche Sprechakte gelingen, müssen sie in einer Sprache stattfinden, die alle Teilnehmer des Gespräches beherrschen und auch in ihrem Anspielungsreichtum verstehen. Ohne gemeinsame Sprache gibt es keine Öffentlichkeit. Die Öffentlichkeit ist der Ort des Politischen. Ein Sprachraum hat Grenzen. Jene, die sich in der gleichen Sprache verständigen können, werden keine Probleme damit haben, dass sich im Gemeinwesen Gruppen bilden. Die Regeln oder Gesetze, die sich dieser Zusammenschluss von Menschen geben wird, sollten in einer Sprache formuliert sein, die alle verstehen. Sprachen – deren Sprecher über weite Territorien, sogar Kontinente, verstreut leben können – wurden erst spät normiert und durch explizit ausformulierte Regeln charakterisiert: Nicht zu unterschätzen sind im Europa der frühen Neuzeit die Bestrebungen, die Bibel in die jeweilige Volkssprache zu übersetzen, wie etwa die Lutherbibel in deutschsprechenden Gebieten oder die King-James-Bibel in England. Sie werden zu den ersten Standards ihrer neuen, schriftlichen Hochsprachen. Durch die Expansionsbewegungen im Zuge des Kolonialismus breiten sich diese europäischen Sprachen in Übersee aus: Englisch, spanisch und portugiesisch sprechen heute hunderte Millionen Menschen außerhalb Europas. Diese Sprachen sind zu Weltsprachen geworden.

Die Industrialisierung brachte ein extremes Wachstum der Bevölkerungen mit sich: Die Massengesellschaft wurde zum Ausgangspunkt für die totalitären Bewegungen des 20. Jahrhunderts, für den Faschismus und den Kommunismus. »Totalitarismus« ist der einzige Begriff für ein politisches System, der nicht aus der Antike stammt: Die ökonomisierte Massengesellschaft hatte es damals noch nicht gegeben. Aristoteles, der die Gesellschaftsformen Oligarchie und Plutokratie ablehnte, würde auch dem totalitären Staat als ihrem modernen Wiedergänger wenig abgewinnen können.

Sprache, die die Regeln der Öffentlichkeit definiert, setzt auf gebildete Bürger, die in der Lage sind, diese Sprache zu verstehen und die *res publica* bzw. den ›Staat‹ gut zu verwalten und das Leben in ihr für sich zu gestalten. Ständig droht die

Gefahr, dass beide Gruppen, die Aristokratie und das Volk, ab- und zurückdriften in einen dann von Menschen künstlich erzeugten Naturzustand, den Chaos und Gewalt prägen. Auch wenn in einem totalitären Staat Gesetze Geltung haben, so sind diese nicht dadurch zustande gekommen, dass sich die Menschen als Gleichberechtigte auf diese geeinigt hätten.

Wie kann ein Abgleiten des demokratischen Staatswesens in eine Oligarchie, Plutokratie oder einen totalitären Staat verhindert werden, wenn die Menschen, die das Gemeinwesen etablieren, zugleich auch jene sind, die seine Errungenschaften wieder verspielen können? Seit der Antike wird um die Beantwortung dieser Frage gerungen, nämlich um das rechte Verhältnis zwischen dem, was die Menschen allgemein wissen, also einem Wissen, über das sie berechtigter- und angemessenerweise verfügen können, und dem, was Experten zum Gemeinwesen beitragen, ohne dass dies zur Abstimmung gestellt worden wäre. Ähnlich wie in der Finanzkrise 2008 war in der Corona-Pandemie 2020 besonders das Wissen von Finanz- und Wirtschaftsexperten bzw. Virologen und Ärzten gefragt. Über wissenschaftliche Fakten, über die die Experten aufgrund ihrer Ausbildung verfügen, kann es keinen politischen Disput geben, wohl aber über die Interpretation dieser Fakten und ihre Umsetzung in politisches Handeln, etwa in Gesetzgebung. Und hier zeigt sich ein Dilemma: In einer demokratischen *politeía* stimmen Menschen über Fragen jeder Art ab, ohne auf den betreffenden Gebieten Experten zu sein. Bildung und Ausbildung bilden also Grundpfeiler der Demokratie, um zu Entscheidungen zu gelangen, die auf so guten Informationen wie möglich beruhen. Gleichzeitig geraten Gemeinwesen, die sehr spezialisiert sind, trotz aller Bildung an ihre Grenzen. Nicht jeder und jede kann alles wissen.

Ein solches Gleichgewicht herzustellen, stellte bereits in der Antike ein schwieriges Unterfangen dar: Vor allem im 5. und 4. Jahrhundert v. Chr., genauer zwischen 509 und 367 v. Chr., erschütterte die Römische Republik ein Konflikt zwischen den beiden Ständen Aristokratie sowie Plebs, dem gemeinen Volk. Die Plebejer, also die gewöhnlichen Menschen, wandten sich gegen die Aristokraten, die Patrizier. Im Kern ging es bei diesem Konflikt zwischen Ständen um die Frage, ob die öffentlichen Ämter des Staates auch von Angehörigen beider Stände besetzt werden dürfen. Als man ihr Ansinnen abschlägig beschied, verließen die Plebejer die Stadt Rom und gründeten ihr eigenes, neues Staatswesen. So unter Druck geraten, stimmten die Patrizier nach und nach einem gleichberechtigten Zugang aller römischen Bürger zu den Ämtern der Stadt zu.

Indem die Plebejer ihr Los in die eigene Hand nahmen, sich in einem Staatswesen zusammenschlossen und sich selbst Gesetze gaben, zeigten sie, dass es Freiheit nur dann gibt, wenn alle vor der Willkür anderer geschützt sind. Ohne Freiheit können Menschen sich nicht unter Rechtsgesetzen zusammenschließen. Freiheit bedeutet Souveränität. Jeder Einzelne ist nur dann Herr seiner selbst, wenn er frei ist, sein Leben selbst gestalten kann. Eine *politeía* ist nur dann souverän, wenn sich alle ihre Mitglieder, ohne äußeren oder inneren Zwang, die Gesetze selbst geben, nach denen sie leben wollen.

Eine Staatsordnung ist dann ungerecht, wenn nicht jeder auf dem Marktplatz seine Stimme gleichberechtigt neben jedem anderen erheben, wenn nicht jeder Zugang zu den Ämtern des Staates haben kann. Es darf keine Bürger erster und nachgestellter Ordnung geben. Im griechischen Stadtstaat durften allerdings wie gesagt nur Männer, die Familie und ihrem Haushalt vorstanden, diese Freiheiten nutzen. Rechtssicherheit gegenüber Willkür wurde dabei allen Mitgliedern über ihr Staatsbürgertum gewährt – ein entscheidendes Prinzip, das bis heute in weiterentwickelter Form Gültigkeit hat: Jeder freie Bürger einer *politeía* genießt Rechtssicherheit, ihm kommen qua Staatsbürgerschaft sowohl Rechte als auch Pflichten zu, die für alle Bürger in gleicher Weise gelten und die, zumindest in der Regel, nicht ohne weiteres entzogen werden können.

Freiheit, Recht und Souveränität werden schon in der Antike in Beziehung gesetzt. Im Griechischen wurden die ›Freien‹ *eleútheroi* genannt, im Gegensatz zu den *bárbaroi*, den ›Barbaren‹ bzw. ›Nichtgriechen‹. Das griechische Staatswesen garantierte eine Ordnung, zu der jene, die draußen vor den Toren weiterhin im Naturzustand verharrten, nicht gehörten. Ähnlich verhielten sich die Römer: Wer jenseits des germanischen Limes lebte, war ein Barbar, gehörte zu einer amorphen Gruppe, die auseinanderzuhalten sich nicht lohnte. Die Römer warfen die germanischen »Wilden« in einen Topf und nannten sie Alemannen, ›alle Menschen‹, ein Name, der in einigen romanischen Sprachen noch heute für die Deutschen in Gebrauch ist.

Der chinesische Denker und Staatsphilosoph **Konfuzius** (um 551–479 v. Chr.) wurde mit seiner Ausformulierung der für ihn wichtigsten Ideale eines guten Staates sehr einflussreich. Auch in seiner Vorstellung kann eine Gesellschaft nur dann zu einer harmonischen Ordnung finden, wenn in ihr die Besten die Geschäfte des Staates lenken. Dabei ist der Ort des politischen Geschehens, hier China, ein vom Himmel bevorzugter Ort. Herrscher werden von ihm eingesetzt. Dieses Konzept wird *tianxia* genannt, ›unter dem Himmel‹. Der Begriff beschreibt gleichermaßen sowohl die Ordnung des Kosmos als auch die Hierarchie in der Welt. *Tianxia* stellt somit sowohl ein göttliches als auch ein weltliches Prinzip dar, ein Prinzip, dem man sich nur dann unterordnen kann, wenn man angemessen unterwiesen und erzogen wurde. Wie bei seinen griechischen Philosophenkollegen sind für Konfuzius die Besten nicht etwa ausschließlich die, die die besten Zensuren in den aufwändigen Prüfungen für die Verwaltungs- und Beamtenlaufbahn am Hofe erhalten haben, sondern diejenigen, die sich darüber hinaus für den Weg der Weisheit entschieden. Und genau dies macht es unabdingbar, sich in Philosophie und Ethik fortzubilden. Der freie Zugang zu diesen Ämtern des Staates, die – in Griechenland, Rom oder China – geistlich oder weltlich sein konnten, bildete eine entscheidende Komponente für das Funktionieren des Staates, der *res publica*, wie die griechische *politeía* von den Römern genannt wurde. Auf diese Weise sollte gewährleistet werden, dass die Regierenden alle jene, die sie regierten, auch tatsächlich repräsentierten. Eine solche Ordnung ist, so Konfuzius, zugleich hierarchisch und harmonisch. Halten wir fest: Die Repräsentation gilt bis zum heutigen Tage als eine Kernkomponente der Demokratie.

Die drei Philosophen Platon, Aristoteles und Konfuzius verbindet die Betonung eines weiteren Momentes, das für die Entwicklung des Staatswesens wichtig ist: mythologische Erzählungen, die das Woher, Warum und Wohin der Gemeinschaft erklären sollen. Der Ursprung der Stadt Rom soll auf Romulus und Remus, zwei Knaben, zurückgehen, die von einer Wölfin gesäugt wurden. Aus einem Bruderzwist geht Romulus siegreich hervor (er tötet seinen Bruder) und gründet oberhalb der Höhle, in der die Wölfin die Säuglinge genährt hatte, die Stadt Rom mit ihren öffentlichen Einrichtungen, dem Militär und der römischen Religion.

Solche mythologischen Erzählungen sollen den Ursprung des Staates, der *res publica*, der *politeía*, herausstellen und alle Glieder des Staates in der gemeinsamen Erzählung miteinander verbinden. Das Zusammenschweißen nach innen bewirkt gleichzeitig eine Abschottung nach außen, eine strenge Aufteilung in Freie und Barbaren, in Gute und Böse, in *in-groups* (›Eigengruppen‹) und *out-groups* (›Fremdgruppen‹), wie sie die Sozialpsychologie nennt. Zwei ihrer bekanntesten Vertreter, **Henri Tajfel** (1919–1982) und **John Turner** (1947–2011), stellten 1979 ihre Theorie der sozialen Identität vor, die eine auf einen bestimmten Mythos gründende Zugehörigkeit zu einer Gruppe näher erklärt. Sie wiesen in einem Experiment einige Kinder einer Gruppe zu und ließen sie gegen die Kinder einer anderen Gruppe in einem Spiel antreten. Keines der Kinder hatte zuvor die Kinder der eigenen oder der fremden Gruppe kennengelernt. Dennoch entwickelten die Kinder aus dem Stand heraus eine messbare Identifizierung mit der eigenen *in-group*, die ihre Spielzüge deutlich prägte.

Der israelische Historiker **Yuval Noah Harari** (* 1976) untersucht solche Narrative, die zu einer Gruppenbildung führen: Wann immer, so Harari, Menschen sich dafür entschieden, zusammenzuarbeiten, sich also, wie Kant sagen würde, unter gemeinsamen Rechtsgesetzen vereinigen, brauchen sie Erzählungen, die die Gemeinschaft zusammenschweißen und -halten. Sobald der Verband größer wird als eine Familie, die ja aufgrund der Blutsverwandtschaft von Natur her eine eigene Erzählung hat, bräuchten die Menschen solche Narrative.

Einen zweiten Aspekt der Gruppenbildung bilden Klatsch und Tratsch, so Harari. Denn dort, wo Menschen nicht mit einander verwandt sind, benötigten sie verkürztes, einfaches Wissen über die anderen, die sich um sie herum befinden. Mythologie und Klatsch bilden den Kitt jeder *politeía*. Die Mythologie wurde von den Religionen abgelöst, die in allen Teilen der Welt, von Indien bis in die Vereinigten Staaten, das Angebot machen, zu einer *in-group* gehören zu können, die Identität gegen »die anderen« stiftet. In Indien betreibt der Premierminister Narendra Modi einen Hindu-Nationalismus, mit dem er die Mehrheit der Hindus gegen die Minderheit der Muslime – rund 200 Millionen der 1,4 Milliarden Einwohner – im Land aufbringen will. Die Griechen hätten so jemanden einen Demagogen (einen Volksverführer) genannt.

Seit der Antike gehört aber das »Wir gegen die« zur Grundausstattung der Identität von Staaten und Menschen, die in ihnen leben. Der französische Philosoph **René Girard** (1923–2015) hat antike Texte auf das Resultat des »Wir gegen die« hin studiert und dabei eine Theorie des Sündenbocks aufgestellt, die zeigen soll, wie antike Gesellschaften – und, bis auf den heutigen Tag, auch Staaten – aus dem »Wir gegen die« politischen Profit schlagen. Ausgangspunkt seiner Überlegungen zum Sündenbock ist der Hang des Menschen zur Nachahmung.

Nachahmung ist nicht von vornherein gefährlich. Dort, wo man auf Erfahrung setzt, wird man um die Nachahmung nicht herumkommen, würde auch Aristoteles unterstreichen. Die Befähigung zur Nachahmung ist ihrerseits eng mit der Empathie verbunden, der für ein funktionierendes Gemeinwesen unerlässlichen Fähigkeit, sich in die anderen hineinzuversetzen. So kann man die Sicht anderer auf die Dinge zu verstehen versuchen, wenn man sie nicht schon teilen kann. Nachahmung kann also in Empathie münden. Wenn Nachahmung hingegen im Zusammenhang mit »Wir gegen die« funktionalisiert wird (alle ahmen den Denkstil und das Verhalten der anderen nach), kann sie in Ressentiment enden, den Gegenspieler der Empathie. Indem *out-groups* definiert werden, deren Angehörige Teil eines Ganzen mit negativen Eigenschaften sind, führen Ressentiments zu scharfer Ablehnung, die, so Girard, am Ende in der Bereitschaft mündet, jemanden, der nicht zur Gruppe gehört, als Sündenbock zu opfern.

Ein Beispiel: Wir befinden uns in einer Siedlung an der Gabelung zweier Flüsse, deren Ufer sehr fruchtbar sind – eine Traumlage, um sich niederzulassen. Nachdem eine Gruppe dort gesiedelt hat, kommen im Laufe der Zeit weitere an der Stelle vorbei, erkennen die Vorzüge des Ortes und wollen sich ebenfalls dort niederlassen, denn offensichtlich ist die erste Gruppe mit ihrer Entscheidung, hier zu siedeln, gut gefahren: Die Stadt floriert, der Boden ist fruchtbar, der Fluss für Schifffahrt und Handel ideal. Die Gruppe wird gegenüber den anderen argumentieren, dass die Stelle bereits bewohnt ist und ihre Scholle schon bestellt wurde, es also kein guter Plan wäre, ebenfalls dort zu siedeln. Dies führt unweigerlich zum Konflikt mit den anderen Gruppen. Dieser schwelende Konflikt eskaliert, so Girard, in eine gewaltsame Auseinandersetzung, an deren Ende eine Gruppe getötet werden wird. Durch die Tötung dieser Menschen, so die Theorie weiter, wird der Druck von den anderen agierenden Parteien genommen, die sich auf der Grundlage des »Opfertodes« der Sündenbock-Gruppe befrieden.

Die Ergebnisse der sozialwissenschaftlichen Experimente von Tajfel und Turner überlappen sich mit den Inhalten der antiken Texte, die Girard studiert hat. Menschliche Vergemeinschaftung scheint mit einem *in-group-* und *out-group*-Denken einherzugehen. Diese »Wir gegen die«-Berechnung kann, wenn man nicht sehr genau aufpasst, in jeder *politieía* ihre negative Wirkung entfalten.

Im antiken Judentum wurde jedes Jahr an Jom Kippur, dem Versöhnungsfest, ein Bock symbolisch mit den Sünden des Volkes beladen und in die Wüste geschickt (in der Wüste würde das Tier mit Sicherheit verenden). Dieser Akt der Opferung stiftete Versöhnung zwischen Gott und den Menschen, die sich gegen ihren Schöpfer durch die Übertretung des Gesetzes versündigt hatten. Auch an diesem Beispiel sieht man deutlich, wie die »Vereinigung einer Menge von Menschen unter Rechtsgesetzen« Normierungen und Sanktionen folgt, die oft mythologisch-religiösen Ursprungs sind. Religion hat in diesem Sinne politische Bedeutung, nimmt einen Platz in der öffentlichen Ordnung ein. Die Reflexion darüber findet in der Politischen Theologie statt, einem Teilgebiet der Praktischen Theologie bzw. der Politischen Philosophie. Dabei geht es nicht um die spirituelle Dimension des Religiösen, sondern um die theologische Legitimation von Herrschaft. Die Herrschaft des Romulus, der von einem Gott gezeugt und später von einem Gott aus den reißenden Fluten des Tibers gerettet wird, wird durch diese Geschichte eines direkten Kontaktes mit Gott als Gründungsfigur des eigenen Gesellschaftssystems legitimiert.

Entsprechend haben später viele Reiche und Staate ihre Legitimation vom Römischen Imperium ableiten wollen. Auch diese Ableitung ist eine Form der Nachahmung. Indem sich **Karl der Große** (um 747–814) am Weihnachtstag des Jahres 800 in der Petersbasilika in Rom vom Papst zum deutschen Kaiser und somit zum Vater des Heiligen Römischen Reiches Deutscher Nation einsetzen lässt, setzt er sowohl symbolisch als theologisch auf eine Kontinuität der Reichsidee seit der Antike über christliche Religion. Das an diesem Weihnachtstag aus der Taufe gehobene Reich hatte Bestand bis in das Jahr 1806.

Neben Vertretern europäischer Dynastien lassen sich von Russland bis ins Osmanische Reich Versuche finden, nach-römische Herrschaft durch den Verweis auf die Tradition Römisches Reich zu legitimieren. Unabhängig davon, ob der Kultus, die symbolträchtige Reduktion dieser Erzählung, nun in Tempeln, Kirchen oder Moscheen stattfindet: Besondere Bedeutung kommt dem Adressaten dieser Erzählung, also dem Plebs, dem gemeinen Volk, zu. Unter großer Beteiligung der Öffentlichkeit ließ der türkische Machthaber Recep Tayyip Erdoğan 2020 die Hagia Sophia, einst die größte Kirche der Christenheit, in der oströmischen Hauptstadt Byzanz – später Konstantinopel, heute Istanbul – wieder in eine Moschee umwandeln, nachdem sie fast neun Jahrzehnte als Museum gedient hatte. Damit möchte Erdoğan an den Machtanspruch sowohl des Osmanischen als auch des Römischen Reichs zugleich anknüpfen und sich als dessen Erbe stilisieren. In der Volksrepublik China unternimmt Machthaber Xi Jinping dasselbe: Indem er in dem nominell atheistischen Land Konfuzius und seine Lehre in einer für die herrschende Kommunistische Partei redigierten und somit zahn- und gefahrlosen Form rehabilitiert, möchte er eine Legitimationslinie ziehen, die vom Alten China und dem Kaiser, dem Sohn des Himmels, bis zur Kommunistischen Partei und ihm als ihrem (neuen) Führer reicht.

Die konfuzianische Lehre betont die elementare Bedeutung der richtig vollzogenen höfischen und spirituellen Riten, die nämlich die eigentliche Aufgabe haben, zwischen den Welten zu vermitteln. Zu einer guten und tugendhaften Ausbildung gehört daher die Unterweisung in den Riten unabdingbar dazu. Ihr Vollzug erhält die hierarchisch-harmonische Ordnung der Welt. Der Vollzug der Riten demonstriert, dass der Himmel das Herrschaftsmandat übertragen hat.

Politische Religion findet sich also, wie es die Beispiele illustrieren, in allen Hemisphären, in der christlich, islamisch und hinduistisch geprägten und selbst in der von Staats wegen verordneten atheistischen Welt. Sie dienen der Erklärung des Woher, Warum und Wohin einer Gemeinschaft, legitimieren diese Gemeinschaft und damit auch die Herrschaft, die in ihr ausgeübt wird. Der Ursprung der Mythen und Riten bleibt dabei dem Gedächtnis entzogen. Sie entfalten so einen überzeitlichen Charakter und eine Autorität, die letzten Endes sogar göttlich zu sein vorgibt.

Auch die moderne Demokratie kennt Riten, die bei Debatten im Parlament, bei der Einführung von Regierung und der Wahl von Präsidentinnen erkennbar werden. Sie schaffen eine zivile Zusammengehörigkeit, und zwar zivil im Sinne von *civis*, lat. ›Bürger‹: Die Glieder des Gemeinwesens sollen sich durch den Vollzug und das Verständnis jener Zeremonien als Gruppe erleben und sich mit dieser Gruppe definieren, die Teil ihrer Identität wird.

Doch gründet auch das Narrativ der modernen Demokratie auf Mythologie? Diese Frage ist Gegenstand einer kontroversen Debatte: Der Staatsrechtler und Rechtsphilosoph **Ernst-Wolfgang Böckenförde** (1930–2019) formuliert im Hinblick auf eine transzendente Fundierung des demokratischen Rechtsstaates: »Der freiheitliche, säkularisierte Staat lebt von Voraussetzungen, die er selbst nicht garantieren kann.«

Lenkt man den Blick aus der Antike auf Religionen, lässt sich das Böckenförde-Zitat leichter einordnen. Für ihn ist die elementare Grundlage unserer demokratischen Ordnung, die Menschenwürde, ohne das christliche Menschenbild nicht denkbar. Damit entsteht, gewollt oder ungewollt, der Eindruck, dass man, um ein freiheitlicher Demokrat oder eine freiheitliche Demokratin zu sein, auch Christ oder Christin sein müsse.

So eng ausgelegt, ist diese Aussage meines Erachtens nach falsch. Es ist das Charakteristikum der demokratischen Wertordnung, dass Merkmale wie Ethnie, Religion, Geschlecht, Alter oder sexuelle Orientierung eben nicht zu einem Merkmal der Zugehörigkeit zur demokratischen Gemeinschaft gemacht werden. Damit übertrifft die Demokratie alle anderen Herrschaftsformen, die den Wert und damit die Würde des Menschen an jenen Kriterien festmachen, und zwar mit dem Ergebnis, dass die entsprechende Gesellschaft aus Ungleichen, aus Menschen erster, zweiter und dritter Klasse besteht.

Aufgrund der weltweit feststellbaren engen Verbindung von Mythologie und Narrativ auf der einen und Politik und Herrschaft auf der anderen Seite, drängt sich durchaus die Frage auf, warum eine Verbindung dieser beiden Seiten noch heute so attraktiv zu sein erscheint. Die Philosophen **Jacques Derrida** (1930–2004) und **Gianni Vattimo** (* 1936) geben in ihrem 1996 erschienen Untersuchung *La Religion* (*Die Religion*) eine interessante Antwort: Das öffentlich gesprochene (politische) Wort, mit seinem häufig deklamatorisch-feierlichen Charakter, erweckt im Menschen das Verlangen danach, dass eine dritte, unbeteiligte, überzeitliche, objektive Instanz dieses gesprochene Wort vernimmt, annimmt und für gut befindet. Das »So wahr mir Gott helfe«, auch noch heute von Etlichen, die in ein Regierungsamt vereidigt werden, am Ende der Schwurformel ausgesprochen, wird in diesem Sinne verwendet (ähnlich wie das Jawort, das sich Heiratende geben).

Das, was die Philosophen in einem spirituellen Sinne beschreiben, kann schnell eine andere Richtung einnehmen, und zwar dort, wo in Demokratien der Weg zurück zu religiösen

Begründungen von Herrschaft gegangen wird. Ressentiments werden von vielen demokratischen Traditionen als unmenschlich, als unethisch, kurz: als ein Irrtum verstanden. Solchen Irrtümern begegnet man heute etwa in Polen und Ungarn, deren politische Führung die Zugehörigkeit zur katholischen Religion zu einer Art Charaktereigenschaft für einen guten Bürger erhebt. Solches kann schnell in einer Spirale der Gewalt enden, deren Funktionsweise René Girard in seiner Sündenbock-Theorie vor Augen geführt hat.

Doch bleibt Hoffnung: Die Veranlagungen des Menschen, beobachten und nachahmen zu können, die schon bei Aristoteles' Überlegungen eine wichtige Rolle gespielt haben, müssen nicht zwangsläufig in Ressentiment, Ablehnung und Gewalt münden. Die andere Seite der Medaille bzw. jener Bereitschaft zum ganzheitlichen Lernen durch Beobachtung und Nachahmung, nämlich in dem Sinne, wie von Platon und Konfuzius beschrieben, führt zu einer konstruktiven Grundhaltung gegenüber der *res publica* und zu jenen Menschen, die sich in der *res publica* gemeinsam unter Rechtsgesetzen zusammentun. Was heißt hier aber »ganzheitlich«? Zu unterstreichen ist, dass Ethik und Philosophie bei der Ausbildung der Bürger eine ebenso wichtige Rolle wie das Verständnis für Wissenschaften, Staats- oder Verwaltungskunst spielen. Wenn sich Menschen in dem Sinne, wie es Harari beschrieben hat, zusammenschließen, dann wird ihre Kooperation umso besser, je mehr sie voneinander wissen und je besser sie einander verstehen. Empathie ist das Fluidum der gerechten *res publica*, und damit auch der der Demokratie.

Denn »öffentliche Angelegenheiten« kann es nur da geben, wo auch tatsächlich eine Öffentlichkeit existiert, deren Mitglieder einander zugetan sind. Ist hingegen der hässliche Gegenspieler der Empathie, das Ressentiment, am Werk, erkennt man das daran, dass ihm genau diese schöpferische Lust, etwas Neues aufzubauen und zu gestalten, völlig abgeht. Man kann das an der Wirklichkeit ablesen: Staaten, in denen keine Rechtsstaatlichkeit herrscht oder in denen sich Regierende von der Rechtsstaatlichkeit verabschieden, greifen in stets zunehmender Weise zu Ressentiments, instrumentalisieren das »Wir gegen die«-Prinzip und nutzen dieses Vorgehen für Symbolpolitik, um von ihrem eigentlichen notorischen Nichthandeln abzulenken. Die Liste dieser Länder ist lang: Neben Polen und Ungarn, die ihren freien Nachbarn Sorgen machen, verwenden Machthaber in Brasilien, Russland, der Türkei oder China Ressentiments als Treibsatz ihrer Identitätspolitik mit verheerenden Auswirkungen sowohl für Minderheiten in diesen Ländern als auch für die Natur, an der Raubbau betrieben wird. Dabei wird in den nur scheinbar demokratisch regierten Ländern im Schatten dieser »Unpolitik der Ressentiments« die Verfassung umgeschrieben, so dass die demokratischen Institutionen, die die Menschen in einem Rechtsstaat eigentlich schützen sollen, geschwächt, wenn nicht sogar am Ende gänzlich zu Fall gebracht werden.

In demokratischen Ländern, deren Politik auf Empathie beruht, sieht es hingegen anders aus: Deren Rechtsordnung fußt auf den Menschenrechten, die heute immer wieder neu interpretiert und immer wieder neu zugunsten der Menschen ausgelegt werden. So wurden und werden die Grundrechte im digitalen Zeitalter, das neue Herausforderungen beispielsweise an Persönlichkeitsrechte stellt, überdacht. Während der Corona-Pandemie wurde entsprechend diskutiert, welche Schritte und Maßnahmen – die meisten davon hatten auch eine technologische, eine digitale Komponente – vorgenommen und umgesetzt werden dürfen bzw. ob sie auch immer gleichzeitig im Einklang mit den Grundrechten stehen.

In lebendig und emphatisch geführten Demokratien herrschst grundlegender Konsens darüber, dass es notwendig und angemessen ist, zusammenzuarbeiten (erinnern wir uns an Yuval Noah Harari, der von Narrativen sprach, deren einziges Ziel es sei, Gemeinsamkeit im Hinblick auf zu erledigende Aufgaben zu stiften). Dabei geht es auch um die gemeinsame Bewältigung von Herausforderungen, etwa den Klimawandel aufzuhalten oder das Los von Geflüchteten zu erleichtern. Das Lebenselixier von Autokratien, Despotien und Diktaturen bilden Narrative von Feindschaft, Demokratien hingegen prägen Narrative der Freundschaft.

Auch die Wurzeln für ein emphatisches Denken innerhalb einer *politeía* liegen wie so vieles in der Antike. Es geht um Kosmopolitismus. Ihr herausragender Theoretiker ist der römische Staatsmann und Orator **Cicero** (106–43 v. Chr.). In seinem Werk *De officiis* (*Vom pflichtgemäßen Handeln*), stellt er seine kosmopolitische Weltanschauung vor. Alle Menschen sind durch ein menschliches Band miteinander verbunden. Ein solches gemeinsames, geteiltes Menschsein erfahren alle und alle gleichermaßen. Erst im Anblick der anderen erkenne ich mich selbst. Mit diesem Gedanken legte Cicero die Grundlage für unsere heutige Vorstellung von Menschenwürde und -rechten: Dann und nur dann, wenn die anderen in ihrem Menschsein meinem Menschsein gleichen, gelten für sie dieselben Prinzipien auf der Grundlage jenes würdevollen Bandes, das uns alle miteinander verbindet. Zu dieser Überzeugung gelangte Cicero auf Grundlage direkter Beobachtung und Anschauung des Menschen. Die Zugehörigkeit zu einer Religion oder die Abstammung taugen nicht als Kriterien. Die Aneignung einer solchen prinzipiellen Gleichheit ist eine Aufgabe für die Erziehung. Und damit wären wir wieder bei der Empathie, jener ganzheitlichen, menschlichen Eigenschaft, die anerzogen werden muss – bei jener Erziehung, von der Platon und Konfuzius sprechen.

Das Prinzip des verbindenden, menschlichen Bandes begegnet uns in den ethischen Postulaten, die Religionen formulieren, etwa in der Goldenen Regel. In den Evangelien nach Matthäus und nach Lukas verkündet Jesus: »Alles nun, was ihr wollt, dass euch die Leute tun sollen, das tut ihr ihnen auch« (Mt 7,12) und »Und wie ihr wollt, dass euch die Leute tun sollen, also tut ihnen gleich auch ihr« (Lk 6,31). Verwandte Formulierungen oder Äußerungen finden sich unter anderem im Hinduismus, im Buddhismus, im Judentum und dem Islam. Die autokratische Auffassung des »Wir gegen die«, entsprechend der eine bestimmte (nämlich die eigene) Religion die Wahrheit in die Welt bringe, muss also ein Irrtum sein.

Cicero entwickelt auf der Grundlage dieser kosmopolitischen Grundlage konkrete Aussagen darüber, wie Menschen miteinander und wie Staaten mit Menschen umgehen sollten. So empfiehlt Cicero, jede Form von Folter zu verbieten, da diese Grausamkeit gegenüber anderen Menschen aufgrund des uns allen gemeinsamen menschlichen Bandes keinen Platz in einem guten Gemeinwesen haben dürfe (es sollte zwei Jahrtausende dauern, bis 1984 die Antifolterkonvention der Vereinten Nationen Wirklichkeit wurde). Dieses allgemeine, theoretische Prinzip mögen Menschen (heute) nicht (mehr) strittig finden, eine erste Stufe des Kosmopolitismus.

Anders verhält es sich mit der zweiten Stufe seines Modells, dem praktischen Kosmopolitismus. Wenn wir, so Cicero, uns einig darüber sind, dass uns alle das Band der Mitmenschlichkeit verbindet, wenn wir aufgrund dieses Bandes einander nicht egal sein dürften, dann treibt uns das Los der anderen zur helfenden Tat. Immer dann, wenn etwa ein Unwetter in einer benachbarten Polis deren Ernte verheert oder ein Erdbeben die Stadt verwüstet, dann helfen wir, dann müssen wir helfen! Doch wie weit soll, kann und darf diese Hilfe gehen? Helfen wir den hungernden Kindern in der Nachbarstadt solange, bis auch unsere Kinder hungern müssen?

Auf diese Frage gibt es keine befriedigende Antwort. Ein Blick zurück auf Girards Beispiel jenes fruchtbaren Gebietes an einer Flussgabelung, um das sich mehrere Gruppen streiten, könnte uns helfen zu verstehen, warum Menschen den praktischen Kosmopolitismus ablehnen. So kann Knappheit von Gütern einen Konflikt provozieren, an dessen Ende nur die Tötung eines Sündenbocks Entlastung bringen kann. Die Knappheit wird dadurch gelindert, dass sich am Ende eine Partei mit einer anderen um die knappen Ressourcen streitet. Ein solcher Friede, der durch einen Sündenbock herbeigeführt worden ist, dürfte daher in der Wirklichkeit nicht von langer Dauer sein. Praktischer Kosmopolitismus ist, so könnte man Girards Thesen verstehen, nur dann tragfähig, wenn diejenigen, die sich solidarisch verhalten, durch dieses Verhalten nicht selbst Gefahr laufen, an Ressourcen-Knappheit zu leiden.

Ciceros Verständnis von Kosmopolitismus lässt sich vielleicht noch besser an der Flüchtlingskrise der Jahre 2015 und 2016 aufzeigen, in deren Zuge rund eine Million Menschen, viele davon aus dem vom Bürgerkrieg erschütterten Syrien, nach Deutschland kamen. Die große Mehrheit der Menschen in Europa hätte damals die Frage »Müssen wir Menschen, die wie die Kriegsflüchtlinge unschuldig in Not geraten sind, helfen?« mit »Ja« beantwortet. Strittig wurde es in dem Moment, als es darum ging, wie die Hilfe genau aussehen, was also tatsächlich eingesetzt werden sollte. Jetzt war der Moment für jene Akteure, die Profit aus den Ressentiments zu schlagen verstehen, wie in Deutschland etwa die rechtsradikale Partei Alternative für Deutschland. Sie spielten die Menschen, die ihren Argumenten Glauben schenkten, gegen die Hilfesuchenden aus: ›Jenen wird etwas gegeben, das eigentlich euch zusteht.‹ Operiert wurde u. a. mit der Angst vor Ressourcen-Knappheit, um Menschen gegeneinander auszuspielen. Die Geflüchteten, so die AfD, hätten ja sogar Handys!

Empathie und Kosmopolitismus lassen sich auch im Konfuzianismus wiederfinden und prägen östliche Staatslehren. Das Prinzip der Empathie begegnet uns dort als Barmherzigkeit, während Kosmopolitismus als Fürsorge verstanden wird, die man für andere Menschen aufwendet. Das Prinzip der Barmherzigkeit ist eine anthropologische Konstante, eine Veranlagung, die sich so bei allen Menschen finden lässt. Es richtet sich an den Fremden, in dem einem die ganze Menschheit begegnet und hat gleichzeitig eine hierarchische Komponente: Menschen, die einem näher stehen, etwa Familienangehörige, wird mehr Barmherzigkeit gezeigt als gänzlich Fremden. In diesem Punkt ähneln sich Ciceros theoretischer und praktischer Kosmopolitismus und die Lehren von Konfuzius und seinen Schülern. Man ist dazu verpflichtet, dem Fremden wie dem Familienangehörigen, in angemessenem Verhältnis, durch Fürsorge und Barmherzigkeit gerecht zu werden (Ciceros Werk trägt nicht ohne Grund den Titel *Vom pflichtgemäßen Handeln*).

Dennoch werden im Osten Empathie und Kosmopolitismus nicht zu den Leitlinien eines Staates erklärt. Die Gegenüberstellung eines »Wir gegen die« findet sich in China ähnlich, wie wir sie aus Girards Analyse von Geschichten aus der griechischen Mythologie kennen. *Zhongguo*, ›das Reich der Mitte‹, liegt im Mittelpunkt der Welt, ist der Ort des *tianxia*, des ›unter dem Himmel‹. Außerhalb des Mandats des Himmels leben die Barbaren, die Staaten des *yi*.

Fassen wir zusammen: Das Nachdenken in der alten Welt behandelt vieles, was einmal in der Moderne unter dem Stichwort Demokratie diskutiert werden wird. Und doch hat das damalige Gemeinwesen nichts mit dem zu tun, was wir heute als demokratisch bezeichnen. Die Lebensdaten der maßgeblichen Gestalter der politischen Gedanken jener Zeit, die hier erwähnt wurden, liegen nah beieinander. Die Lebensbereiche, die einer politischen Ordnung bedürfen, sind bis heute immer größer und unübersichtlicher geworden: von der griechischen Polis zum Römischen Reich, von den dynastischen, regionalen Herrscherhäusern zum chinesischen Kaiserreich. Das Gemeinwesen, die *politeía*, braucht aber weiterhin Legitimation, Gesetz und angemessene Repräsentanz seiner Mitglieder. Schlüssel für den Erfolg einer Gesellschaft sind gebildete Bürger, die in Staatskunst ebenso bewandert sind wie in Philosophie und Ethik. Empathie, Barmherzigkeit und Fürsorge ermöglichen den Ausgleich von Interessen und die gerechte Verteilung von Gütern innerhalb der Gemeinschaft. Ziel all dieser Anstrengung ist es, dass die Mitglieder einer Gemeinschaft ein souveränes Leben in Freiheit führen können. Das Gemeinwesen benötigt hierfür nicht nur eine Ordnung nach innen, sondern auch eine Ordnung nach außen. Denn es tritt in Beziehung zu anderen Gemeinwesen. Die praktische Konsequenz besteht darin, dass Gemeinwesen auf der Grundlage des Kosmopolitismus zusammenarbeiten.

Unter der Voraussetzung, dass jeder Einzelne derartig eingebettet in seine *politeía* auf der einen, und in seine Um- und Mitwelt auf der anderen Seite, als Mensch in seinem Menschsein erkannt und akzeptiert wird, eröffnet sich ihm ein Freiheitsraum, also die Freiheit, die ihm aufgrund seiner Würde zukommt.

Humanismus und Moderne

Thomas Hobbes wurde 1588 geboren, Immanuel Kant 1724. Wurde bis zu deren Lebzeiten der demokratische Gedanke nicht weiterentwickelt? In der Tat begegnen uns erste Reflexionen über das gerechte und gute Leben im Gemeinwesen erst wieder im Zeitalter des Humanismus. Man bemühte sich wieder um die antiken Klassiker des Denkens, wollte sie in ihrer Originalsprache lesen.

Epochengrenzen und Übergänge sind immer schwer zu bestimmen. Ein Zeitraum prägte die Zeit wie kein anderes: Zu Beginn der 1450er Jahre erfand **Johannes Gutenberg** (um 1400 – um 1468) in Mainz am Rhein den Buchdruck mit beweglichen, wiederverwendbaren Lettern. Dieses neue Verfahren der Druckerpresse ermöglichte die automatisierte Vervielfältigung von Texten. Bis dato wurde dies in zeitaufwändiger Handarbeit etwa von Mönchen in den Schreibstuben ihrer Klöster, später in Schreibstuben in den Städten und von Schreibern in den Kanzleien der Mächtigen erledigt.

Mit der Erfindung dieser neuen Technologie konnten alte und neue Schriften, Pamphlete und Karikaturen, in großer Zahl hergestellt und in Umlauf gebracht werden. Damit verlagern sich die Sender und Empfänger (politischer) Kommuni-

Darstellung des Buchdruckerhandwerks von Jost Amman und Hans Sachs aus dem Jahre 1568.

kation, neue Spieler kamen neben Adel und Klerus hinzu. Und es wurde plötzlich schwerer, die Masse der Schriften zu bewerten, zu zensieren und gegebenenfalls zurückzuhalten. Öffentlichkeit wird von nun an anders hergestellt, nicht mehr direkt von den Kanzeln in den Kirchen oder den Kathetern der Universitäten her, sondern in einem virtuellen, imaginierten Raum des Zusammenhalts. Um mit Kant zu sprechen, wurde der Kreis derer, die zustimmen konnten, miteinander unter bestimmten Gesetzen leben zu wollen, noch einmal erweitert. Für den demokratischen Gedanken wird dabei interessant, dass die Trennung von privatem und öffentlichem Bereich, die in der Antike durch Herkunft und Bildung festgelegt worden waren, nun durch eine neue Technologie aufgebrochen wurde. Die Druckerpresse sorgt für die Demokratisierung des Wissens – zumindest im Prinzip, denn das Problem des Analphabetentums ist (teilweise bis heute) virulent geblieben.

Noch andere weltbewegende Ereignisse fallen in diese Zeit: die Anlandung spanischer Seeleute unter **Christoph Kolumbus** (um 1451–1506) auf dem amerikanischen Kontinent (1492), die Reformation in Europa, die in Deutschland durch **Martin Luther** (1483–1546) um das Jahr 1517 begann, in Folge derer die Landessprachen sich vom für die Kirche grundlegenden Latein emanzipierten, sowie die Revolution des christlichen Weltbildes durch die etwa 1543 erfolgte naturwissenschaftliche Entdeckung u. a. durch den Priester und Astronomen **Nikolaus Kopernikus** (1473–1543), die das heliozentrische Weltbild stärkte: Nicht mehr die Erde, sondern die Sonne steht im Zentrum unseres Planetensystems. All diese Ereignisse ergänzten sich und führten zu einem neuen Denken über das Wesen des Menschen und seine Rolle im Kosmos. Und die bekannte Ordnung der Welt wurde erschüttert: Weder war die Erde und der Mensch auf ihr der Mittelpunkt des Universums, noch war die Erde flach. Hinter dem Horizont tauchte eine andere Welt auf, deren Bewohner, ihre Sprachen, Sitten, ihre Architektur und ihre Tempel, ihre Könige und die Riten des Hofes eine einzige

Herausforderung für das Selbstverständnis und das Denken der Europäer waren.

Vielleicht der wichtigste Punkt war die Entwicklung einer gemeinsamen Sprache, eine Entwicklung, die nicht linear und nicht an allen Orten gleich verlief. Die gemeinsame Volkssprache ermöglichte neue Formen von Erzählungen, die ihrerseits neue Identität stifteten, in einem Moment, in dem die alten Gewissheiten verloren gingen. Diese Narrative erreichen eine große Öffentlichkeit, die sich nicht nur als eine solche erlebt, sondern erstmals durch die neue Technologie auch die Möglichkeit hat, sich als solche zu organisieren: Flugblätter und Kurzschriften erzielten in allerkürzester Zeit große Verbreitung.

Erasmus von Rotterdam (um 1466–1536), ein Brieffreund Martin Luthers, mit dem er häufig nicht einer Meinung war, gilt als der bedeutendste Humanist seiner Zeit. In seinen Schriften entwirft er für seine Leser einen kühnen christlichen Kosmopolitismus: Die christlichen Reiche Europas, die Christenheit, solle sich als Einheit verstehen, die von Toleranz und Mäßigung geprägt sei. Die Religionskriege, die mit der Reformation ausbrachen, machten seiner Vision ein Ende. Auf den Schlachtfeldern wurde gemetzelt, Städte wurden niedergebrannt, Ernten vernichtetet und Frauen vergewaltigt. Die neue, traurige Realität, die das Leben in Europa bis zum Ende des Dreißigjährigen Krieges im Jahr 1648 bestimmen sollte, machte den Glauben an ein Band, das alle Menschen miteinander verbindet, zunichte.

Der Dreißigjährige Krieg hatte gezeigt: Wenn die Menschen, die neben- oder miteinander leben, nicht derselben Religion angehören, dann kann Religion auch nicht die Koordinaten für die *politeía* definieren. Diese Entwicklung ist eng mit dem Namen des niederländischen Juristen **Hugo Grotius** (1583–1645) verbunden. Seiner Auffassung nach kann der Mensch jeweils auf rationaler Grundlage sowohl die Interessen innerhalb seines Staates regeln, als auch die Angelegenheiten mit anderen Staaten ordnen. Sein dreibändiges Hauptwerk *De jure belli ac pacis* (*Über das Recht des Krieges und des Friedens*, 1625), das bis heute als Grundlage des internationalen Rechts gilt, ist ein wichtiges Zeugnis auf dem Weg, Menschenwürde und Fürsorgepflicht zusammen mit einem kosmopolitischen Ansatz in eine Rechtsordnung zu überführen. Besonders wichtig ist seine Formel »etsi deus non daretur«, »als ob es Gott nicht gäbe«. An genau diesem Punkt beginnt der Abschied von der Vorstellung einer Ordnung, in der Herrschaft durch Gott legitimiert wird: Nicht mehr die Exegese als heilig erachteter Schriften sollen die Grundlage der *res publica* bilden, sondern vernunftgetragenes, rationales Denken. Das Recht, das das Zusammenleben der Menschen ordnet, wird nicht mehr als göttliche Setzung verstanden, sondern als Aufgabe an den Menschen delegiert, der nun gleichzeitig zum Geber und Empfänger des Gesetzes wird. Auf dem Weg von Ciceros zu unserer heutigen internationalen Ordnung stellt das Werk von Grotius einen wesentlichen Meilenstein dar. Sein Denken setzt, ganz im Sinne des Humanismus, beim Menschen an. Dieses neue, säkulare Denken, das ohne Rekurs auf Gott auskommt, eröffnet den politischen Theoretikern der Neuzeit, etwa Hobbes, die Möglichkeit, neue Narrative zu entwickeln, die das Woher, Wohin und den Zweck der *politeía* neu bestimmen.

Der Zweck jeder Gemeinschaft bei Hobbes besteht darin, den Naturzustand, der durch Rechtlosigkeit, den »Krieg aller gegen alle«, wie es in seinem Buch *De Cive* (*Vom Bürger*, 1642) in der Vorrede heißt, gekennzeichnet ist, zu verlassen und zu einem vom Recht geordneten Leben in der Gemeinschaft zu finden. Um aus dem Naturzustand auszubrechen, muss der Mensch jenen Kreislauf des Sündenbockens, den wir bei Girard kennengelernt haben, durchbrechen. Denn der Mangel an Sicherheit und Wohlbefinden ist im Naturzustand allgegenwärtig, der ständige Kampf zwischen Menschen daher die Regel. Auch das kennen wir von Girard. Diese Disposition zum immerwährenden Krieg als Konsequenz kann nur die Vernunft überwinden. Mit deren Hilfe kann der Mensch einsehen, dass es des Rechts bedarf, um Konflikte beizulegen. Hobbes versteht die Konflikte im Naturzustand als materielle Konflikte, das heißt, Menschen kämpfen um die knappen Ressourcen, die sie zum Überleben brauchen. Die realen Konflikte der Zeit aber sind vor allem religiöser Natur. Das Vernunft-, Rechts- und Ordnungsdenken der Moderne wäre daher nicht vollständig dargestellt, ohne den Toleranzgedanken anzuführen, zu dem vor allem **John Locke** (1632–1704) geschrieben hat.

In seinem *Epistola de tolerantia* (*Brief über die Toleranz*) aus dem Jahr 1685 fordert er, dass der Staat allen christlichen Konfessionen gegenüber gleich auftreten und keine Religion bevorzugen soll. Religionen sollten nicht auf das Arsenal staatlicher Gewalt zurückgreifen dürfen, sondern durch Überzeugung die Menschen für ihren Glauben begeistern. Staaten wiederum können sich nicht auf Religion als Quelle für ihre Legitimation berufen. Sollte es mehrere Religionen in einem Gemeinwesen geben, sollten deren Gläubige das Verhältnis zueinander aushandeln. Sollte ein Staat diese Rolle übernehmen, der sich einem Glauben allein verpflichten würde, so wäre er damit dauerhaft beschäftigt, Abweichungen von diesem Glauben oder andere Bekenntnisse zu verfolgen und zu bekämpfen. Dafür gab es zu Lockes Zeiten genug Beispiele.

Locke gilt als erster Denker, der die Machtbefugnisse des Staates eingrenzen wollte: durch die Menschen, die in ihm leben, und nicht durch jene, die durch göttliches Mandat legitimiert werden. Ein gerechter Staat anerkennt, achtet und bewahrt die Rechte, die der Mensch von Natur an besitzt, wie etwa die Rechte auf die Unversehrtheit des eigenen Lebens, auf Freiheit und Eigentum. Eine Art Gesellschaftsvertrag verbrieft diese Rechte, die unabhängig vom Staat existieren. Die *politeía* und jene, die in ihr Politik machen, sind diesen natürlichen Rechten, wie Locke sie nennt, untergeordnet. Das bedeutet in der Konsequenz, dass das Recht nicht ein Mittel der Politik sein kann, sondern diese Rechte, die der Mensch von Natur aus besitzt, unabhängig und übergeordnet schützt und Rechtsverletzungen ahndet. Nur so können Menschen wirklich frei und das Recht souverän sein.

Es wird zu einem der wichtigsten Prinzipien demokratisch-freiheitlicher Gemeinwesen werden, dass Recht und Rechtsprechung von Gesetzgebung und Regierungsverantwortung getrennt werden. Eine Form von Gewaltenteilung propagierte wie gesehen bereits John Locke. Das einflussreichste Modell der Gewaltenteilung, das diesen Kerngedanken des liberalen Denkens aufgriff, entwickelte **Charles-Louis de Montesquieu** (1689–1755). Jeder Ansatz, der streng zwischen diesen Sphären trennt, lässt das Recht nicht zur Verfügungsmasse politischer Interessen oder zum Spielball von Ideologien werden. Vielmehr muss sich umgekehrt die Politik vor dem Gesetz bewähren. Hier zeigt sich der bis auf den heutigen Tag wichtigste Unterschied zwischen der demokratisch-freiheitlichen und der autokratischen Welt: In Erstgenannter kommen seit dem Beginn der Neuzeit Gott, die Natur oder der Verstand als Quellen des Rechts in Frage; im autokratischen China hingegen übernimmt diese Rolle die Partei, die Partei, und niemand anderes als die Partei. In der Volksrepublik muss sich alles der herrschenden Ideologie, im chinesischen Falle der der Kommunistischen Partei, unterordnen. Die Vorstellung einer von der Partei unabhängigen, nicht ideologischen Quelle des Rechts wird entsprechend massiv bekämpft.

Auch Montesquieu schätzte die Tradition der Griechen. Er vertrat explizit die Meinung, dass es neben der Gewaltenteilung – in Gesetzgeber (Legislative), Regierung (Exekutive) und Rechtsprechung (Judikative) – auch bestimmter Tugenden bedarf, um eine gute Republik zu gründen. Bildung wird also auch hier ganzheitlich verstanden. Zur Kenntnis der Regeln der Staatskunst müssen sich auch die Kenntnis der Wissenschaft und die Ausbildung in philosophischen und ethischen Fragen gesellen. Gegenspieler einer jeden Republik, die von der Tugend geleitet wird, ist der despotische Staat, der die Menschen durch Furcht und Unterdrückung regiert.

Auch **Jean-Jacques Rousseau** (1712–1778) dachte über die Republik und wer in ihr das Sagen hat, über Bildung und den Gesellschaftsvertrag nach. In seinem *Du contrat social ou principes du droit politique* (*Vom Gesellschaftsvertrag oder Grundsätze des Staatsrechts*) von 1762 plädiert er dafür, dass der ›allgemeine Wille‹ (*volonté général*) der Menschen für die Regierung des Gemeinwesens und nicht etwa die Vorgaben einer Monarchie entscheidend sei. Letztere lehnt er ab, da von Natur aus alle Menschen gleich seien und keiner ein besonderes Mandat qua Geburt habe, über den anderen zu herrschen. Rousseau spricht von der natürlichen Freiheit im Naturzustand, in dem die physische Stärke der anderen meiner Freiheit Grenzen setzt. Die bürgerliche Freiheit, die mit dem Gesellschaftsvertrag einhergeht, regelt den Umgang der Menschen miteinander, die nun das, was ihnen gehört, auch ihr Eigen nennen können, ohne in der ständigen Furcht leben zu müssen, dass es ihnen genommen wird. Der allgemeine Wille kann nur die Freiheit aller wollen, weil sie, in ihrer neuen, aus der natürlichen Freiheit gewonnenen, bürgerlichen Form die Grundlage für eine Gesetzgebung bildet, die alle Menschen als Gleiche ausweist. Auch für Rousseau ist in jedem solchen Gemeinwesen eine Gewaltenteilung unabdingbar, da sonst die Herrschenden mit den Mitteln des Rechts ihre Macht durchsetzen und despotisch ausweiten würden. Das Recht dient der Freiheit, die sich im allgemeinen Willen niederschlägt. Dieser »allgemeine Wille« wird in der Rezeption Rousseaus als Volkssouveränität verstanden. Diese Form der Souveränität bildet einen wichtigen Bestandteil des demokratischen Denkens, der, wie wir gesehen haben, seinerseits in dem Aufklärungszeitalter, in dem Locke, Montesquieu und Rousseau leben, konsequent auf der antiken Vorstellung aufsetzt. Der Aufklärer Rousseau wurde zu einem der Lieblingsautoren der Revolutionäre in Frankreich.

Revolution, Verfassungsstaat und Menschenrechte

Die Revolutionäre auf beiden Seiten des Atlantiks lasen die Philosophen ihrer Zeit und waren von deren Gedanken elektrisiert: Sollte es nun also gelingen, ein neues, freiheitliches Gemeinwesen zu schaffen, das die Ideen der Gleichheit aller, wie Aristoteles und Cicero dies schon in Ansätzen dachten, in die Tat umsetzt? Lockes Traktat über Toleranz in religiösen Fragen wird hier wie dort verschlungen, der Eingangssatz aus Rousseaus Gesellschaftsvertrag »Der Mensch ist frei geboren, und überall liegt er in Ketten« inspiriert Aufklärer und Aufrührer gleichermaßen.

Beide Revolutionen – in Neuengland 1775/76, in Frankreich 1789–99 – richten sich gegen Alleinherrschaftsansprüche von Gottes Gnaden bzw. gegen den Absolutismus der Zeit. Die Könige von Frankreich und England hatten zwar beratende Gremien, die États généraux bzw. Generalstände (also die Vertretungen der drei Stände Klerus, Adel und dritter Stand) in Frankreich sowie die Houses of Parliament in Großbritannien. Die absolute Macht des Herrschers wurde auf diese Weise zwar minimal eingeschränkt, die jeweiligen Vertretungen waren jedoch nicht repräsentativ für die Gesamtheit der Bevölkerungen. In Frankreich darbte der dritte Stand, die Bauernschaft, der rund 98 Prozent der Gesamtbevölkerung ausmachte, unter der Fron des Klerus (erster Stand) und des Adels (zweiter Stand). In Nordamerika bzw. in Neuengland fragten sich die Bewohner in den Kolonien wiederum, wie lange noch und warum überhaupt sie für einen König Steuern entrichten sollten, der tausende Kilometer entfernt in Saus und Braus lebte. Ähnlich wurde auch im südlichen Amerika gedacht, denn auch dort landeten die neuen Ideen aus Europa an – mit derselben Sprengkraft wie im Norden: 1810 sagte sich Kolumbien und 1816 Argentinien von der Spanischen Krone los, 1821 wurde Mexiko unabhängig und 1822 emanzipierte sich Brasilien von seinem portugiesischen Mutterland.

Mit Ausnahme Brasiliens wurden alle ehemaligen Kolonien zu solchen Staaten, die die Republik als ihre Herrschaftsform annahmen. Das Gleiche gilt für Frankreich. Die Ideen Lockes und Montesquieus sollten die neuen Gemeinwesen leiten. In der neuen *res publica* sollte eine Verfassung die Rechte der Bürger schützen und ihre Freiheit, ihr Leben sowie ihr Eigentum gegenüber dem Staat und den Regierenden verteidigen. In dieser neuen Republik stünden nicht mehr Gott oder der König an der Spitze des Landes, sondern die Verfassung.

Der entsprechende lateinische Begriff für ›Verfassung‹, *constitutio*, kann auch mit ›Feststellung‹ oder ›Verordnung‹ übersetzt werden. Der Begriff umschließt das, was Immanuel Kant mit seiner Bestimmung des Staatswesens als »Vereinigung einer Menge von Menschen unter Rechtsgesetzen« meinte: Menschen sollten die Ordnung, in der sie leben, selbst festlegen. Dieser Zusammenschluss von Menschen findet ohne ein »Mandat des Himmels« statt, das ja eine bestimmte Gruppe zur Herrschaft vorherbestimmt. Vielmehr schließen sich Menschen zusammen, um gemeinsam aus dem Naturzustand herauszukommen. Sie wählen als Freie und Gleiche jene, die sie als ihre Repräsentanten mit der Regierung beauftragen wollen.

Dieser Zustand vor der Revolution ist nicht ein »Krieg aller gegen alle«, nicht mehr der Naturzustand, wie ihn Hobbes verstand (für den aus diesem Grunde auch nur ein absoluter Herrscher einen dauerhaft stabilen Zustand außerhalb des Naturzustands garantieren kann), sondern ein Kampf gegen das Joch der Monarchie, das aus frei geborenen Menschen Unterdrückte und Sklaven macht. Die Verfassungen der Vereinigten Staaten und der Französischen Republik formulieren in diesem Sinne Menschenrechte zuerst und erheben diese zum obersten Prinzip für das Gemeinwesen.

Im Jahr 1787, zwei Jahre, bevor in Frankreich die Revolution ausbrach, wurde in den neu gegründeten Vereinigten Staaten eine eigene Verfassung verabschiedet. Sie kleidet in rechtliches Gewand, was die Unabhängigkeitserklärung am 4. Juli 1776 feierlich proklamierte:

»Folgende Wahrheiten erachten wir als selbstverständlich: daß alle Menschen gleich geschaffen sind; daß sie von ihrem Schöpfer mit gewissen unveräußerlichen Rechten ausgestattet sind; daß dazu Leben, Freiheit und das Streben nach Glück gehören; daß zur Sicherung dieser Rechte Regierungen unter den Menschen eingerichtet werden, die ihre rechtmäßige Macht aus der Zustimmung der Regierten herleiten; daß, wenn irgendeine Regierungsform sich für diese Zwecke als schädlich erweist, es das Recht des Volkes ist, sie zu ändern oder abzuschaffen und eine neue Regierung einzusetzen und sie auf solchen Grundsätzen aufzubauen und ihre Gewalten in der Form zu organisieren, wie es zur Gewährleistung ihrer Sicherheit und ihres Glücks geboten zu sein scheint.«

Diese berühmten Zeilen fassen das aufklärerische Programm zusammen: Die Gleichheit der Menschen, die sich in gleichen Rechten und dem legitimen gleichen Streben aller ausdrückt, verwirklicht sich in einer Staats- und Rechtsordnung, die diese »unveräußerlichen Rechte« (also das Recht auf Unversehrtheit des Lebens, auf Freiheit und Eigentum, die jeweils im »Streben nach Glück« enthalten sind) gewährleistet. Diese »unveräußerlichen Rechte« gelten von Geburt an. Nur dann, wenn die Staats- und Rechtsordnung sich in ihren Dienst stellt, sie pflegt und hütet, ist sie legitim. Kommt sie diesen Forderungen nicht nach, ist sie illegitim und darf abgesetzt werden. Die Passage »Regierungen [werden] eingerichtet« (dass also die Gewalten in einer bestimmten Form organisiert werden müssen), wird in der Verfassung konkretisiert, in der eine Gewalteilung in Legislative, Exekutive und Judikative festgeschrieben wird:

»Wir, das Volk der Vereinigten Staaten, von der Absicht geleitet, unseren Bund zu vervollkommnen, die Gerechtigkeit zu verwirklichen, die Ruhe im Innern zu sichern, für die Landesverteidigung zu sorgen, das allgemeine Wohl zu fördern und das Glück der Freiheit uns selbst und unseren Nachkommen zu bewahren, setzen und begründen diese Verfassung für die Vereinigten Staaten von Amerika.« (Präambel)

»Alle in dieser Verfassung verliehene **gesetzgebende Gewalt** ruht im Kongreß der Vereinigten Staaten, der aus einem Senat und einem Repräsentantenhaus besteht.« (Artikel I,1)

»Die **vollziehende Gewalt** liegt bei dem Präsidenten der Vereinigten Staaten von Amerika.« (Artikel II,1)

»Die **richterliche Gewalt** der Vereinigten Staaten liegt bei einem Obersten Bundesgericht und bei solchen unteren Gerichten, deren Errichtung der Kongreß von Fall zu Fall anordnen wird. (Artikel III,1)

Dabei bleibt das neue Amerika, das die Unabhängigkeitserklärung und die Verfassung so mutig proklamiert, mehr Utopie denn Wirklichkeit. Die dort ausgerufene Freiheit galt, wieder nur, für Männer, nicht für Frauen, nicht für Sklaven, nicht für indigene Völker.

Thomas Jefferson (1743–1826), ein Amerikaner der ersten Stunde, forderte, dass die Verfassung, deren Gewaltenteilung er besonders schätzte, begleitet werde von einer Bill of Rights, einem Dokument, das die Rechte des Einzelnen noch stärker herausheben und schützen sollte. Dieser Mann, der Locke und Montesquieu verehrte, und auf den die mächtige Proklamation der Unabhängigkeitserklärung »all men are created equal«

(»alle Menschen [sind] gleich geschaffen«) zurückgeht, besaß dennoch Sklaven. **Benjamin Franklin** (1706–1790) war die einzige Gründungsfigur der neuen Nation, die alle drei Schriftstücke, also die Unabhängigkeitserklärung, die Verfassung und die Bill of Rights unterzeichnet hatte. Er änderte seine Einstellung zur Sklaverei, konnte ihre Abschaffung aber politisch nicht durchsetzen. Die Sklaverei wurde erst nach dem Amerikanischen Bürgerkrieg (1861–65) und mit dem XIII. Amendment, einem Zusatzartikel zur Verfassung*, abgeschafft.

*

»Weder Sklaverei noch Zwangsdienstbarkeit darf, außer als Strafe für ein Verbrechen, dessen die betreffende Person in einem ordentlichen Verfahren für schuldig befunden worden ist, in den Vereinigten Staaten oder in irgendeinem Gebiet unter ihrer Gesetzeshoheit bestehen.« (XIII. Zusatzartikel)

Allerdings hielt sich die Segregation der Rassen – weiße und schwarze Menschen lebten in verschiedenen Vierteln, Schwarze wurden wie Menschen zweiter Klasse behandelt – bis in die 1960er Jahre. Frauen erhielten erst 1920, mit dem XIX. Zusatzartikel zur Verfassung*, das Wahlrecht.

Die neue Republik bleibt also für lange Zeit etwas, das wir heute keinesfalls als Demokratie bezeichnen würden. Ihre Betonung von Religionsfreiheit, Gewaltenteilung und freier Presse bildet allerdings einen epochalen Meilenstein auf dem Weg zu einer solchen Demokratie.

Das, was die neue amerikanische Nation trotz aller Mängel in ihren Gründungsdokumenten entwirft, bildet den Aus-

*

»Das Wahlrecht der Bürger der Vereinigten Staaten darf von den Vereinigten Staaten oder einem Einzelstaat nicht auf Grund des Geschlechts versagt oder beschränkt werden. / Der Kongress ist befugt, diesen Zusatzartikel durch entsprechende Gesetze zur Durchführung zu bringen.« (XIX. Zusatzartikel)

gangspunkt für einen neuen Ansatz, nämlich den eines demokratisch-freiheitlichen Menschenrechtsnarrativs, das das Potential hat, die engen Vorgängernarrative von ethnischer Herkunft und Religion abzulösen. Die Ideen der Aufklärer werden hier politisches Programm: Das, was den Menschen von Natur aus zusteht – Leben, Freiheit, Recht auf Besitz –, wird in der neuen Nation als rechtlicher Anspruch verbürgt. Ganz im Sinne Vattimos und Derridas wird zudem Gott (der »Schöpfer«) in der Unabhängigkeitserklärung zum Zeugen der Proklamation bestimmt, dem die Aufgabe zukommen mag, zustimmend zu bekräftigen, was die Unterzeichner feierlich bekennen. Gott ist also nur noch Zeuge, das neue Gemeinwesen wird auf keine Religion verpflichtet. Auch das ist ein Novum: Die Verfassung selbst enthält keine *Invocatio Dei*, keine ›Anrufung Gottes‹, am Beginn des Textes. Die neue Republik ist eine weltliche, eine säkulare Republik.

In Frankreich wurde am 26. August 1789 von der neuen Nationalversammlung die *Déclaration des droits de l'homme et du citoyen* (*Erklärung der Menschen- und Bürgerrechte*) verabschiedet. Sie wurde dabei von den Dokumenten, die zuvor in den USA verabschiedet worden waren, ebenso inspiriert wie von Montesquieu und Rousseau. Und auch hier mussten Frau-

*

Olympe de Gouges:
Erklärung der Rechte der Frau und der Bürgerin
(Auszug)

PRÄAMBEL

Die Mütter, Töchter und Schwestern, Repräsentantinnen der Nation, fordern, als Nationalversammlung konstituiert zu werden. In Anbetracht dessen, dass die Unkenntnis, die Vernachlässigung oder die Verachtung der Frauenrechte die einzigen Ursachen des öffentlichen Unglücks und der Verderbtheit der Regierungen sind, haben sie beschlossen, in einer feierlichen Erklärung die natürlichen, unveräußerlichen und heiligen Rechte der Frau darzulegen, damit diese Erklärung, die allen Mitgliedern der Gesellschaft beständig gegenwärtig ist, sie unablässig an ihre Rechte und Pflichten erinnert, damit die von Frauen und Männern ausgeübte Gewalt durch ihren jederzeit möglichen Abgleich mit dem Ziel jeder politischen Institution umso mehr geachtet wird, damit die Forderungen der Bürgerinnen, die künftig auf

en für ihre Rechte kämpfen, etwa **Olympe de Gouges** (1748–1793) mit der von ihr formulierten *Déclaration des droits de la femme et de la citoyenne* (*Erklärung der Rechte der Frau und der Bürgerin*, 1791)*, den im Titel und inhaltlich exakt parallel formulierten, nur weiblich gewendeten Rechten für Frauen. Diese wurden ebenfalls lange nicht umgesetzt – de Gouges endete auf dem Schafott.

In Frankreich war der Revolution allerdings nicht der gleiche nachhaltige Erfolg beschieden wie in den USA. **Napoleon Bonaparte** (1769–1821) unternahm 1799 einen Staatsstreich,

einfachen und unbestreitbaren Grundsätzen fußen, sich stets auf die Aufrechterhaltung der Verfassung, der guten Sitten und des Allgemeinwohls richten.
Entsprechend anerkennt und erklärt das an Schönheit wie an Tapferkeit angesichts der mütterlichen Leiden überlegene Geschlecht, in Gegenwart und unter dem Schutz des höchsten Wesens, die folgenden Frauen- und Bürgerinnenrechte.

ERSTER ARTIKEL

Die Frau wird frei geboren und bleibt dem Mann gleich an Rechten. Gesellschaftliche Unterschiede dürfen nur auf den Gemeinnutzen gegründet sein.

II.

Das Ziel jeder politischen Vereinigung liegt in der Bewahrung der natürlichen und unveräußerlichen Rechte von Frau und Mann: diese Rechte sind die Freiheit, das Eigentum, die Sicherheit und vor allem der Widerstand gegen Unterdrückung. [...]

setzte die Regierung ab und krönte sich am 2. Dezember 1804 in der Pariser Kathedrale Notre-Dame selbst zum Kaiser. Damit beendete er das republikanische Experiment. Der absolutistische Despot nahm jedoch nicht alle Errungenschaften der Aufklärung zurück. Der *Code Civil*, auch *Code Napoléon* genannt, das 1804 von ihm eingeführte zivile Gesetzbuch, schuf alle Privilegien aufgrund von Geburt ab, erlaubte Religionsfreiheit und erklärte die Ämter des Staates als grundsätzlich offen für jeden, der entsprechend qualifiziert war. Das Gesetz führte weiterhin die zivile Ehe ein und emanzipierte sich

Die *Déclaration des droits de l'homme et du citoyen* von 1789 als Ölgemälde.

auch hierin von einer Ordnung, die bis dato durch die christliche Religion und die kirchliche Autorität vorgegeben worden war. Auf seinen Kriegszügen, die ihn von Portugal bis nach Russland führten, verbreitete er seine Ideen und setzte in den besetzten Gebieten den *Code Civil* ein. Die napoleonische Ära endete 1815, nach seiner Niederlage bei Waterloo. Nachdem die Länder Europas von seiner Besatzung befreit worden waren, waren ihre Regenten bestrebt, in einem Prozess der Restauration die alte Ordnung wiederherzustellen. Der Wiener Kongress (1814/15) versuchte, die Revolution rückabzuwickeln.

Das Industriezeitalter und die soziale Frage

Jede Überlegung über das Zeitalter der Revolutionen muss **Alexis de Tocqueville** (1805–1859) erwähnen. Der adelige Spross aus einer französischen Familie sympathisierte mit den Anliegen der Revolution und vertrat einen aufgeklärten Liberalismus. Obwohl er im Parlament saß, stand auch er einer Demokratie skeptisch gegenüber. Umso aufschlussreicher ist, dass sein wichtigstes Werk den Titel *De la démocratie en Amérique* (*Über die Demokratie in Amerika*) trägt. Das Werk erschien nach Amerikareisen in zwei Bänden in den Jahren 1835 und 1840. Tocquevilles Ausführungen bilden ein Scharnier zwischen der Welt des Revolutionszeitalters und der heraufziehenden Industrialisierung, die neue, eigene Herausforderungen für das demokratische Projekt mit sich bringen sollte. Für den liberalen Denker hat die Gleichheit, die von den Gründern der amerikanischen Republik propagiert wird und die er während seines Aufenthalts dort bewundern lernt, zwei

Gesichter: ein politisches und ein soziales. Die Stärke der neuen amerikanischen Ökonomie setzt er in ein Verhältnis zu den politischen Bedingungen, die eine Republik der Freien für die Wirtschaft schafft. Teilhabe wird so zu einem Kriterium dafür, ob die Einrichtung einer gerechten und fairen Republik gelingt. Teilhabe ist – auf der Grundlage von Recht auf Leben, Freiheit, Glück – eine öffentliche Angelegenheit, ist eine Aufgabe, derer sich folglich die Regierung annehmen muss.

Auch der schottische Aufklärer und Ökonom **Adam Smith** (1723–1790) nimmt die Aufgabe der Wirtschaft in seinem 1776 erschienenen und auch in den neuen Vereinigten Staaten rezipierten Werk *The Wealth of Nations* (*Der Wohlstand der Nationen*) genauer in den Blick. Es mag uns Heutige verwirren, dass ein Standardwerk der Wirtschaftswissenschaften von einem Moralphilosophen verfasst wurde. In der ethischen Theorie des liberalen Denkers Smith ist die Sympathie die Stellschraube zwischen individuellen und kollektiven Ansprüchen und Rechten in einem Gemeinwesen. Der Mensch sei von Natur aus befähigt, sich in andere hineinversetzen zu können. Diese Anlage schärft er durch lebenslanges Lernen und erweitert sie. Sie befähigt ihn letztendlich zum moralischen Handeln, dem Gegenteil von egoistischem Tun. Dort, wo die Handlungsmaxime reiner Egoismus ist, kann Gesellschaft letztlich nicht (mehr) gelingen. Die Tugend der menschlichen Klugheit würde ein solches Abdriften, so Smiths Hoffnung, allerdings verhindern.

Dort, wo Sympathie herrscht, können die Menschen lernen, wechselseitig die Perspektive des Gegenübers einzunehmen, einander so weit wie irgend möglich zu verstehen versuchen – und sie können lernen, ihre ökonomischen Interessen gegeneinander auszutarieren. Genau das kommt heute in einem idealen demokratischen Gesetzgebungsverfahren zum Tragen, denn dort sollen die verschiedenen Stimmen derer, die von einem Gesetz betroffen sein werden, gehört werden. Smith setzte darauf, dass gewinnorientiertes Wirtschaften von Einzelnen im Endeffekt auch jenen zugutekommt, die nicht unmittelbar Adressaten dieses Handelns waren. Für die hehre Überzeugung, dass kluges und empathisches wirtschaftliches Handeln zugleich tugendhaft und moralisch sei und deshalb am Ende auch Gutes für die Armen einer Gesellschaft erwirtschaftet (»trickle down«), wird Smith bis heute kritisiert. Dass jedoch bis heute noch über Smiths Aussagen gestritten wird, belegt, wie vital das Verhältnis zwischen Politik und Ökonomie für ein funktionierendes Gemeinwesen ist und wie sehr beide Bereiche einander beeinflussen.

Smith und Tocqueville markieren mit ihrem Blick auf die Ökonomie den Übergang in die neue Epoche der Industrialisierung, die, wie vorangegangene Zeitalter auch, die Frage nach einem gerechten und guten Gemeinwesen dringlich auf die Tagesordnung bringen. Der technologische Fortschritt – 1769 wird die Dampfmaschine industrietauglich gemacht, 1835 fährt die erste Eisenbahn zwischen Nürnberg und Fürth – eröffnet ganz neue Möglichkeiten für eine Massenproduktion. Diese veränderte Situation mündet in einem Bevölkerungswachstum, das soziale Gefüge landwirtschaftlich geprägter Gesellschaften verändert sich grundlegend. Die Bevölkerung in Deutschland wächst zwischen 1815 bis 1848 von rund 22 Millionen auf 35 Millionen. Viele Menschen ziehen vom Land in die Stadt und verlassen ihren angestammten sozialen Kosmos und ein Leben, das vom christlichen Kalender und dem Lebensrhythmus von Aussaat und Ernte geordnet war, mit dem Ziel, den Lebensunterhalt in den neuen Fabriken und an den Hochöfen zu verdienen. In den Städten kommt es zur Verelendung besonders dieser Bevölkerungsgruppe. Für die Politik wird die »soziale Frage« zum drängenden Thema, die kennzeichnend für die zweite Hälfte des 19. Jahrhunderts ist. Die großen politischen Strömungen, die in dieser Zeit entstehen, also der Nationalismus, der Kommunismus und der Faschismus, liefern jeweils ihre eigenen Antworten, mit drastischen und dramatischen Konsequenzen für die politische Ordnung nicht nur in Europa, sondern weltweit. Am Ende des 19. Jahrhunderts wird den Kontinentaleuropäern deutlich, welche Ungleichheiten der US-amerikanische Kapitalismus hervorbringen kann. Die Erkenntnis bricht sich Bahn, dass auf diese Weise keine gute *res publica* zu machen ist. **Otto von Bismarck** (1815–1898) führt in Deutschland die Sozialgesetze ein, im Zuge derer 1883 und 1884 die Kranken- und die Unfallversicherungen etabliert werden (und zwar nicht aus humanistischen Motiven, sondern um zu vermeiden, dass die Verelendung großer Bevölkerungsteile zu einem Pulverfass würde).

Zu den großen technologischen und sozialen Umwälzungen jener Zeit gesellten sich neue Erkenntnisse in den Wissenschaften, die ihrerseits die Vorstellungen des Menschen und seiner Lebensvollzüge radikal änderten: Der Biologe **Charles Darwin** (1809–1882) veröffentliche 1859 sein epochemachendes Werk *On the Origin of Species* (*Über die Entstehung der Arten*), **Sigmund Freund** (1856–1939) legte mit der Psychoanalyse einen neuen Ansatz zum Verständnis des Innenlebens des Menschen vor. Kopernikus hatte am Beginn der Neuzeit die Erde und mit ihr den Menschen aus dem Mittelpunkt des Universums katapultiert, nun brach Darwin mit der biblischen Überzeugung, dass alle Arten und mit ihnen der

Mensch, so wie sie waren, von Gott auf die Erde gesetzt worden seien. Und nach Freud war der Mensch von seinen unterbewussten Ängsten angetrieben. Der Mensch war nun weder im Universum, noch in der Welt noch bei sich selbst zu Hause. Man muss sich diese Situation als eine maximale Verunsicherung vorstellen, deren Reichweite akademische Fachzirkel verlässt und somit ganze Gesellschaften – und mit ihnen die Politik – in Frage stellt. Wenn die alten Narrative des Woher, Warum und Wohin nicht mehr tragen, wenn sie keine Antworten mehr auf die drängenden Fragen der Zeit, etwa der ›sozialen Frage‹, geben können, dann treten leicht Akteure auf den Plan, die Angebote für ein neues Verständnis der Wirklichkeit machen.

Sozialismus, Nationalismus und Totalitarismus

Der Philosoph und Ökonom **Karl Marx** (1818–1883) bot mit seinem 1848 erschienenen *Manifest der Kommunistischen Partei* eine solche neue Interpretation der Wirklichkeit an. In seiner marxistischen Theorie ist der Mensch Produkt der Lebensverhältnisse, in die er hineingeboren wird. Die Geschichte der Welt ist deshalb für ihn ein Klassenkampf: Jene, die sich in materieller Not am unteren Ende der Gesellschaft geboren finden, können ihn ohne eine Revolution nicht gewinnen. Die Arbeiterklasse, das Proletariat, ist für Marx der moderne Wiedergänger der Plebejer. Wie ihre Vorgänger in der Antike stellt das Proletariat die Mehrheit der Bevölkerung. Nun sei, so Marx, der rechte Moment gekommen, die Macht im unausweichlichen Klassenkampf an sich zu ziehen und eine Gesellschaft zu errichten, die den Idealen der Arbeiterklasse entspricht. Was die Plebejer seit der Zeit der Römischen Republik nicht vollendet hatten, nämlich die Etablierung eines dauernden, eigenen Gemeinwesens, solle nun vollzogen werden.

Die Russische Revolution im Oktober 1917 nahm sich Marx zum Paten, aus dem Zarenreich wurde ein kommunistischer Staat, die Sowjetunion. **Wladimir Iljitsch Lenin** (1870–1924) formte die ökonomische Theorie des Philosophen Marx in eine politische Ideologie um: Das neue Russland solle fortan durch eine »Diktatur des Proletariats« regiert werden und den Übergang von einer kapitalistischen zu einer kommunistischen Gesellschaft regeln. Diese Revolution brachte aber nicht den Himmel auf Erden, sondern den Roten Terror, im Zuge dessen in den Jahren 1919/20 bis zu 500 000 Menschen als »Feinde des Volkes« umgebracht wurden.

In China stürzte **Mao Zedong** (1893–1976) nach einem langen Bürgerkrieg die Republik und rief 1949 die *Zhōnghuá Rénmín Gònghéguó*, die kommunistische Volksrepublik China aus. In der von ihm im Anschluss gnadenlos durchgeführten Enteignungs- und Landreform sollen bis zu 4,7 Millionen Menschen ums Leben gekommen sein. Maos ›Säuberungen‹ bzw. der genannten ›Kulturevolution‹ fielen 1966–76 bis zu 20 Millionen Menschen zum Opfer. Doch blenden wir noch ein wenig zurück: 1848 war die Geburtsstunde des Nationalismus in Europa. Die Deutsche Revolution 1848/49, initiiert und getragen von studentischen Korporationen, forderte die Vereinigung der vielen kleinen deutschen Länder, Fürstentümer und Reichsstädte zu einem einzigen Land. Wie in den Vereinigten Staaten sollte eine Verfassung die Rechte aller Bürger genau festlegen und gegen staatliche Übergriffe schützen. Der republikanisch gesinnten Bewegung ist die Monarchie ein Dorn im Auge, sie soll durch Verfassung und Parlament entmachtet werden. Die Revolution wollte sich auch um die erwähnte ›soziale Frage‹ kümmern, die 1848 noch einmal verschärft wurde, nachdem die Lage sich durch zwei Missernten in den Jahren 1846 und 1847 verschärft hatte. Die Bewegung äußerte sich auch zur Rolle der Frau und der Emanzipation der Juden, denen bis zum Jahr 1871 aufgrund ihres Glaubens viele Rechte vorenthalten wurden. Mit der Bildung des Deutschen Kaiserreiches 1871, einer parlamentarischen, konstitutionellen Monarchie, wurde diese Ungerechtigkeit zumindest rechtlich gesehen beendet. Juden erhielten das Staatsbürger- und Wahlrecht sowie Gewerbefreiheit. Ähnliches spielte sich in Italien ab: Der von **Giuseppe Garibaldi** (1807–1882) auch militärisch vorangetriebene Einigungsprozess des in viele Einheiten zersplitterten Landes gipfelte in der Gründung des Königreiches Italien, einer konstitutionellen Monarchie, die 1861 ausgerufen wurde.

Diese zwei Beispiele für einen entstehenden Nationalstaat stellen auf der einen Seite die verstetigte Grundlage für »die Vereinigung einer Menge von Menschen unter Rechtsgesetzen« nach Kant dar, werden auf der anderen Seite aber zu dem Vehikel für ein neues, explosives »Wir gegen die«-Narrativ. Dieses Narrativ wird im Sinne Girards zu einer maximalen Konfrontation zwischen Staaten führen, die sich jeweils selbst für die größte Nation halten. Diese Nationalstaaten sind außerdem noch keine Demokratien in dem Sinne, wie wir den Begriff heute gebrauchen, sondern Gebilde, in denen die alte Ordnung, die Monarchie, sich mit den neuen republikanischen Idealen mischt, wie sie seit der Französischen und der Amerikanischen Revolution im Umlauf sind. Verfassungen, die die Grundrechte der Bürger schützen, werden die Norm, die Rolle von Parlamenten wird gefestigt. Auch die Staatsbürgerschaft wird durch die Französische Verfassung von 1791 und durch den *Code Civil* allgemein etabliert.

Ein nationalistisch motiviertes Attentat, der Mord des österreichischen Thronfolgers in Sarajevo, ist der äußere Anlass für den Ersten Weltkrieg (1914–1918), den ersten Krieg, der unter den Vorzeichen des Industriezeitalters geführt wird: Maschinengewehre, Giftgas, Flammenwerfer, am Ende sogar neuartige Panzer und die noch junge Luftwaffe kamen zum Einsatz. Am Ende waren rund zehn Millionen Soldaten gefallen und ebenso viele Zivilisten hatten den Tod gefunden. Auf den Trümmern des vom Krieg verheerten Europas, das aus dem Wiener Kongress hervorgegangen war, konnte sich die alte, restaurierte Ordnung nicht mehr halten. Am Ende der deutschen Novemberrevolution des Jahres 1918 musste Kaiser Wilhelm II. abdanken. Die konstitutionelle Monarchie endete, die Republik wird ausgerufen.

Zur Wahl der ersten Deutschen Nationalversammlung nach dem Krieg im Jahr 1919 erhielten Frauen in Deutschland das Wahlrecht. Damit endete das seit der griechischen Antike geltende Prinzip, entsprechend dem nur Männer mit den Angelegenheiten der *res publica* zu betrauen seien. 1920 zogen die Vereinigten Staaten nach. Neuseeland hatte diesen Schritt bereits 1893 vollzogen, die demokratische Republik Aserbaidschan führte das Frauenwahlrecht 1919 ein, lange bevor es Frankreich dem mehrheitlich islamischen Land 1936 nachtat. 1971 folgte die Schweiz (zuletzt 1990 das Schweizer Kanton Appenzell). 1984 erlaubte das Fürstentum Liechtenstein seinen Bürgerinnen den Gang an die Wahlurne. Das Versprechen der liberalen Aufklärung, einen Verfassungsstaat einzurichten, in dem alle Menschen vor dem Gesetz gleich sind, kam seiner Verwirklichung erst in dem Moment wirklich nahe, in dem Frauen de facto als Gleichberechtigte am politischen Prozess teilhaben, wählen und gewählt werden konnten. Das Frauenwahlrecht führte die Republiken in Richtung dessen, was wir heute als Demokratie bezeichnen. Jedoch war auch diesem Recht, wie so oft im Lauf der Demokratiegeschichte, kein umfassender und unwidersprochener Erfolg beschieden: In den USA beispielsweise versuchten viele Bundesstaaten alles, um Frauen, die nicht weiß sind, vom Wählen abzuhalten (inzwischen auch vermehrt in republikanisch regierten Staaten). Die Rassentrennung im ›Mutterland der modernen Demokratie‹ stellt ein bis heute ungelöstes Problem dar.

Den nach dem Ersten Weltkrieg aufkeimenden demokratischen Bestrebungen war keine lange Lebensfrist beschieden: 1920 reißt **Benito Mussolini** (1883–1945) in Italien die Macht an sich, die Weimarer Republik endet 1933 mit der Machtübernahme von **Adolf Hitler** (1889–1945). Beide Diktatoren setzen auf »den starken Mann«, der, in einem Führerkult erhöht und verherrlicht, allein dazu berufen sei, die Geschicke seiner Nation zu lenken. Der Weg, der Hitler an die Macht brachte, führte über die noch jungen und schwachen Institutionen der neuen Demokratie in Deutschland. Er profilierte sich dabei als Demagoge, als Volksverführer, vor dem sowohl die griechischen Philosophen als auch die Gründungsväter der amerikanischen Nation gewarnt hatten. Auch Napoleon soll gesagt haben, dass die Politik der Zukunft in der Kunst bestehe, die Massen zu mobilisieren – was sich letztlich bewahrheitete.

Das Prinzip, dem Führer bedingungslos zu folgen, kostete bis zum Ende des Zweiten Weltkrieges 75 Millionen Menschen das Leben. Der Holocaust, auch Shoa genannt, im Rassenwahn der Nationalsozialisten begründet und auf industrielle Weise in Vernichtungslagern ausgeführt, führt zum Mord von etwa sechs Millionen Juden. Er konterkariert den Glauben der Humanisten. Die Shoa kann und muss man verstehen als die radikale Verneinung jeder Form von Tugend, auf die es seit Konfuzius und Platon in jedem politischen Denken ankommt.

Der Holocaust lehrt, wie gefährlich Narrative sind, die sich auf der Überlegenheit einer Nation, Kultur, Religion oder Sprache gründen. Die Liste der Genozide seit 1945 ist lang, zu nennen sind etwa der Völkermord an den Tutsi in Ruanda 1994, der Genozid den Jesiden durch den sogenannten Islamischen Staat 2014 und der Völkermord an den Uiguren durch den chinesischen Machthaber Xi Jinping. Diese Beispiele zeigen, dass der Mensch für Ressentiments empfänglich und bereit bleibt, mit grausamsten Mitteln menschliches Leben auszulöschen. So kamen im Zweiten Weltkrieg zum ersten Mal Atomwaffen zum Einsatz. Japan hatte, wie das nationalsozialistische Deutschland auch, seine Nachbarn überfallen, hielt Korea und Teile Chinas besetzt und führte ein grausames Regime. Der Abwurf von US-Bomben auf die japanischen Städte Hiroshima und Nagasaki im August 1945 änderte den Verlauf des Krieges (die Debatte dauert bis heute an, ob diese beiden Bombenabwürfe tatsächlich notwendig waren oder ob der Krieg längst entschieden war und es nur um eine Machtdemonstration der Amerikaner ging).

Aufbruch und Neubeginn

Die Erfahrungen dieses Krieges bleiben prägend für die politische Wissenschaft und Forschung bis heute. **Theodor W. Adorno** (1903–1969) und **Max Horkheimer** (1895–1973) verfassten im US-amerikanischen Exil ihr Buch *Die Dialektik der*

Aufklärung (1944) und legen darin einen Erklärungsversuch vor, wie eine aufgeklärte, humanistisch gesinnte, demokratisch gewordene Nation wie Deutschland sich in einen totalitären Staat verwandeln konnte. Die ebenfalls nach Amerika geflohene politische Philosophin Hannah Arendt wagt 1951 mit ihrem Opus Magnum *The Origins of Totalitarianism*, das 1955 mit dem Titel *Elemente und Ursprünge totaler Herrschaft* auf Deutsch erschien, einen weiteren Versuch, diese Frage zu beantworten. Auch der Literaturnobelpreisträger **Elias Canetti** (1905–1994) formulierte in *Masse und Macht* (1960) wichtige Überlegungen zur Entstehung von Massenideologien, darunter jene der Nationalsozialisten.

Für die genannten Autor*innen bleibt die Möglichkeit einer Wiederkehr des Totalitarismus real. Der Mensch, der im Konsumzeitalter mehr denn je ein Mensch in der Masse ist, wird vom Kapitalismus weiterhin in seinen Instinkten angesprochen. Alle vier stellen dabei in ihren Schriften heraus, dass der Mensch in dieser Massenwelt mehr Konsument als Bürger ist, benennen also einen Umstand, dem auch heute noch, im Zeitalter des digitalen Kapitalismus, mindestens genauso viel, wenn nicht sogar mehr Relevanz bei der Bestimmung des Menschen als politische Kreatur in einem demokratischen Gemeinwesen beigemessen werden muss. Die Autor*innen sind sich darin einig, dass nur ein demokratischer Verfassungsstaat in der Lage ist, die Würde der Menschen gegenüber einer Herrschaft, die sich über diese Würde und die aus ihr resultierenden Rechte stellen will, zu schützen.

In dem historischen Moment nach dem Ende des Zweiten Weltkriegs wird ein Typ des demokratischen Politikers gebraucht, dessen Charakter der Soziologe **Max Weber** (1864–1920) in den frühen Stunden der Weimarer Republik in seinem Text *Politik als Beruf* skizzierte. Weber wirbt dafür, den Berufspolitiker als Kennzeichen einer meritokratischen, demokratischen Gesellschaft zu verstehen. Denn nur dann, wenn der Beruf des Politikmachenden erlernt, entsprechend ausgeübt und folglich auch honoriert werden kann, besteht Aussicht darauf, dass nicht nur Eliten regieren, die nicht auf einen täglichen Broterwerb angewiesen sind (wie in der antiken *politeía*). Wenn Politik Dienst auf Zeit an allen Mitbürgern bedeutet, dann ist das politische System selbst auch ein System, das sich als dienendes System versteht. In dieser Eigenschaft entfallen alle glorifizierenden und überhöhenden Elemente der *res publica*, wie sie durch Narrative religiöser oder ethnischer Erwählung üblich waren. An die Stelle jener Narrative, die sich um Herrscherkult, Verführbarkeit und Macht drehen, tritt eine andere, bis heute vorherrschende Erzählung: Dieses Narrativ charakterisiert Herrschaft als dienende Herrschaft. Ein Staat kann nur dann legitim sein, wenn er auf der in der Verfassung erklärten Würde der Menschen gründet und diese Würde in eine Rechtsordnung übersetzt, die die Menschen vor dem Zugriff jeder Form von Willkür bewahrt und schützt. Der Staat dient dazu, den Menschen in seiner Würde existieren zu lassen.

Die liberale Demokratie

Das Narrativ der Nachkriegsdemokratie beruht nicht mehr auf religiösen oder mythologischen Setzungen, sondern fußt auf der verheerenden historischen Erfahrung der Weltkriege und der Shoa. Für das freie Westdeutschland wird das »Nie wieder!« zum Leitmotiv ihres neuen, demokratischen Narrativs. In der bereits aufkeimenden Konfrontation der westlichen Welt, vertreten durch die Siegermächte USA, England und Frankreich, mit der Sowjetunion zeichnet sich die neue Frontstellung zwischen freiheitlich-demokratischen Ländern und einem Block an Nationen ab, die unter der Macht der Kommunistischen Nomenklatura in der Sowjetunion leben. Dieser Konflikt mündet in einem Wettrüsten besonders mit Atomwaffen, in den Kalten Krieg. Der Eiserne Vorhang, der mitten durch das geteilte Deutschland läuft, schneidet Europa und die Welt in zwei Teile.

Das neue, freiheitliche Narrativ wurde vor allem von den USA geprägt. Der Eintritt der Vereinigten Staaten in den Zweiten Weltkrieg geschah bereits vor der Blaupause der »Vier Freiheiten«, die US-Präsident **Franklin D. Roosevelt** (1882–1945) in einer Rede 1941 an den Kongress formuliert hatte und die nach dem Krieg bei der Positionierung gegen die kommunistische Ideologie besonders wichtig werden sollten. Im Ange-

Eleanor Roosevelt präsentiert im November 1949 ein Poster mit der *Universal Declaration of Human Rights*, also der *Allgemeinen Erklärung der Menschenrechte* der Vereinten Nationen, dem Nachfolger der Atlantik-Charta.

sicht der nationalsozialistischen Diktatur knüpfte FDR in seiner Rede an den Gründungsgeist der amerikanischen Republik an: Dessen erste Freiheit ist die Redefreiheit (»freedom of speech and expression«), die zweite die Religionsfreiheit (»freedom to worship«), die dritte ist die Freiheit von Not (»freedom from want«) – Letztere zielt auf eine Wirtschaftsordnung ab, in der gegenseitige Verständigung zu Prosperität führt. Viertens nennt er die Freiheit von der Furcht (»freedom from fear«), die in den Augen Roosevelts eine Verständigung zum Frieden im Zeichen von Abrüstung bedeutete, mit dem Ziel, dass kein Land mehr gegen ein anderes Krieg führen könne. Der Zusatz »anywhere in the world« (›überall auf der Welt‹), unterstreicht so die bleibende, umfassende, universelle Gültigkeit der vier Freiheiten.

Die Vision Roosevelts kleidete diese Prinzipien in eine politische Ordnung und verhalf ihnen auf diese Weise zum internationalen Durchbruch. Noch im Jahr 1941 formulierte er gemeinsam mit dem britischen Premierminister **Winston Churchill** (1874–1965) die sogenannte *Atlantik-Charta**, einen Vorläufer der Charta der Vereinten Nationen, durch die sich die USA und Großbritannien dem Kampf gegen Hitler-Deutschland und, nach erfolgreichem Abschluss, gemeinsam dem Aufbau einer neuen Friedensordnung verpflichten würden.
Zwischen 1942 und 1945 unterzeichneten 51 Länder die *Allgemeine Erklärung der Menschenrechte* der Vereinten Nationen, letztlich eine Fortsetzung der Atlantik-Charta, und verschafften damit einer Vision von Philosophen, Humanisten, Aufklärern und Staatsmännern in Ost und West, die durch zwei Jahrtausende hindurch lebendig geblieben war, politische Wirklichkeit: Die *Erklärung* stellt die erste internationale Rechtsordnung auf Grundlage der Menschenrechte dar. Die Unterzeichner verpflichten sich »Leben, Freiheit, Unabhängigkeit und Religionsfreiheit zu verteidigen« und »in ihren und in anderen Ländern die Menschenrechte und Gerechtigkeit zu erhalten«. Die »unveräußerlichen Rechte« jedes Menschen, von denen die Gründungsdokumente der Vereinigten Staaten sprachen – das Recht auf Leben, Freiheit und Eigentum – werden nun in einem Vertrag zur Grundlage einer globalen Ordnung. Die Welt soll aus dem Naturzustand im Hobbes'schen Sinne, in den sie durch den Horror des Krieges zurückgebombt

*

Atlantik-Charta

Der Präsident der Vereinigten Staaten von Amerika und Ministerpräsident Churchill, als Vertreter der Regierung Seiner Majestät im Vereinigten Königreich, erachten es als ihr Recht, einige allgemeine Prinzipien der Politik ihrer Länder bekanntzugeben, Prinzipien, auf deren Verwirklichung sich ihre Hoffnung auf eine bessere Zukunft der Welt gründen.

1. Ihre Länder streben keinerlei Bereicherung an, weder in territorialer noch in anderer Beziehung.
2. Sie wünschen keinerlei territoriale Veränderungen, die nicht im Einklang mit den in voller Freiheit ausgedrückten Wünschen der betroffenen Völker stehen.
3. Sie achten das Recht aller Völker, sich jene Regierungsform zu geben, unter der sie zu leben wünschen. Die souveränen Rechte und autonomen Regierungen aller Völker, die ihrer durch Gewalt beraubt wurden, sollen wiederhergestellt werden.
4. Sie werden, ohne ihre eigenen Verpflichtungen außer Acht zu lassen, für einen freien Zutritt aller Staaten, der großen wie der kleinen, der Sieger wie der Besiegten, zum Welthandel und zu jenen Rohstoffen eintreten, die für deren wirtschaftliche Wohlfahrt vonnöten sind.

worden war, geführt und wiederaufgebaut werden. Zu den Unterzeichnern gehören Nationen aus der ganzen Welt, etwa China, Mexiko, Ägypten, Brasilien, Griechenland und Neuseeland. Unabhängig von ihrer historischen, religiösen, ethnischen, sprachlichen oder kulturellen Prägung wird der Impetus des neuen Narrativs, die Überwindung von Hass und Krieg

5. Sie erstreben die engste Zusammenarbeit aller Nationen auf wirtschaftlichem Gebiete, eine Zusammenarbeit, deren Ziel die Herbeiführung besserer Arbeitsbedingungen, ein wirtschaftlicher Ausgleich und der Schutz der Arbeitenden ist.
6. Sie hoffen, dass nach der endgültigen Vernichtung der Nazi-Tyrannei ein Frieden geschaffen werde, der allen Völkern erlaubt, innerhalb ihrer Grenzen in vollkommener Sicherheit zu leben, und der es allen Menschen in allen Ländern ermöglicht, ihr Leben frei von Furcht und von Not zu verbringen.
7. Dieser Friede soll allen Völkern die freie Schifffahrt auf allen Meeren und Ozeanen ermöglichen.
8. Sie sind von der Notwendigkeit überzeugt, dass aus praktischen wie aus sittlichen Gründen alle Völker der Welt auf den Gebrauch der Waffengewalt verzichten müssen. Da kein Friede in Zukunft aufrechterhalten werden kann, solange die Land-, See- und Luftwaffen von Nationen, die mit Angriff auf fremdes Gebiet gedroht haben oder damit drohen können, zu Angriffszwecken benutzt werden können, halten sie bis zur Schaffung eines umfassenden und dauerhaften Systems allgemeiner Sicherheit die Entwaffnung dieser Nationen für notwendig. Ebenso werden sie alle Maßnahmen unterstützen, die geeignet sind, die erdrückenden Rüstungslasten der friedliebenden Völker zu erleichtern.

in einer neuen Ordnung auf der Grundlage der Menschenrechte, von vielen als selbst-evident und universell gültig anerkannt. Das einigende Band des Menschseins, wie es Cicero beschrieben hatte, die Kreise der Empathie des Konfuzius münden in einen institutionalisierten Kosmopolitismus, der Hoffnung macht. Diejenigen, die die neuen Verfassungen

* »Eine Änderung dieses Grundgesetzes, durch welche die Gliederung des Bundes in Länder, die grundsätzliche Mitwirkung der Länder bei der Gesetzgebung oder die in den Artikeln 1 und 20 niedergelegten Grundsätze berührt werden, ist unzulässig.« (Grundgesetz, Art. 79, Abs. 3)

schufen, lernten aus der Geschichte. Sie begegneten auf diese Weise dem Vorbehalt, dass die Masse durch Wahl die Demokratie und mit ihr die Menschenrechte abwählen könnte, indem sie die Menschenwürde und die Menschenrechte zu unverrückbaren Grundsätzen erklärten, sie als Gegenstand von Abstimmungen ausnahmen. Eine solche Bestimmung, die im deutschen Grundgesetz im Artikel 79, Absatz 3* festgehalten ist, wird entsprechend »Ewigkeitsklausel« oder »Ewigkeitsgarantie« genannt.

Die neue Weltordnung, in denen die Vereinigten Staaten von Amerika die stärkste Macht und treibende Kraft wurden, musste Asien und Europa so weit wie irgend möglich einbeziehen.

Europa ging auch eigene Wege: Der Marshall-Plan war als Wiederaufbauprogramm für Europa konzipiert. Eine Zusammenarbeit in Wirtschaftsfragen sollte Schritt für Schritt die Vorurteile abbauen, die im Zeitalter des Nationalismus und des Faschismus entstanden waren. Politische und kulturelle Zusammenarbeit sollten auf dem gemeinsamen ökonomischen Streben aufbauen und nicht die Grundlagen der Zusammenarbeit bilden. 1952 gründeten die Staaten Belgien, Frankreich, Italien, Luxemburg, die Niederlande und die Bundesrepublik Deutschland die Europäische Gemeinschaft für Kohle und Stahl, die 1957 zur Europäischen Wirtschaftsgemeinschaft erweitert wurde. 1992 wurde aus der EWG mit den Verträgen von Maastricht die Europäische Gemeinschaft, 2003 wurde diese durch den Vertrag von Lissabon in die Europäische Union erweitert. Aktuell zählen zu diesem Verbund 27 europäische Staaten, von denen sieben vor dem Fall des Eisernen Vorhangs 1989/90 der 1991 aufgelösten Sowjetunion angehörten. Der Schlüssel zum Verständnis der Europäischen Union besteht in der Harmonisierung des Rechts: Ihre Mitgliedsländer sind souveräne Staaten. Da ihre Rechtsordnungen auf der Anerkennung der Menschenwürde und den aus diesen abgeleiteten Menschenrechten fußen, teilen sie ein gemeinsames, verbindliches Wertefundament. Auf der Grundlage dieser Gemeinsamkeit geben sie in diesem Rechtsverbund Teile ihrer Souveränität an eine höhere Ebene ab – die Europäische Union – und schaffen so einen neuen Rechtsraum für die rund 450 Millionen Europäer, denen ihre von der Aufklärung formulierten, in den Verfassungen verbrieften Grundrechte – Leben, Freiheit und Streben nach Glück – auf einem großen Raum garantiert werden, so wie es sich ein Erasmus von Rotterdam erträumt haben mag. Durch die Freiheit, in jedem Mitgliedsland wohnen und arbeiten zu können, erweitert sich das Terrorotium, auf dem sich Bürger der EU-Mitgliedsstaaten wie in ihrem Heimatland bewegen können. Die Konsequenz aus der Existenz einer solchen harmonisierten Europäischen Union besteht in einer Erweiterung von Souveränität. Die EU hat auf diesem Weg und durch die Überwindung religiöser und ethnischer Narrative die längste Friedensperiode in der Geschichte des europäischen Kontinents ermöglicht (und erhielt dafür 2012 den Friedensnobelpreis). Souveränität und Freiheit sind die Kennzeichen dieser Friedensordnung.

Im pazifischen Raum entstehen in Japan, Südkorea und Taiwan Demokratien, die auf derselben Wertgrundlage ruhen wie die europäischen (das deutsche Grundgesetz stand bei der Formulierung der neuen Verfassungen nicht selten Pate). Auch hier soll wirtschaftliche Zusammenarbeit die Feinde von einst einander annähern. Die USA, die zur Schutzmacht des neuen Japan wird, das selbst keine Armee mehr haben darf, ist ebenfalls Patron Südkoreas, sollte das Land in einen Krieg verstrickt werden. Die alten Feinde sind nun sowohl militärisch als auch wirtschaftlich so eng miteinander in Beziehung, dass sie sich auf ihr Fortkommen einigen können. Südkorea und Taiwan beispielsweise produzieren heute die elektronischen Chips, die in nahezu jedem Handy auf der Welt stecken. Trotz des Erfolgs der neuen, freiheitlichen und demokratischen Werteordnung kann aber in diesen Ländern noch immer nicht von einer Demokratie im vollen Wortsinn, wie wir ihn heute verwenden, gesprochen werden. Die Rassentrennung in den USA führt immer wieder aufs Neue deutlich vor Augen, dass das demokratische Versprechen immer noch nicht allen Menschen gilt.

1953 entdecken die beiden Wissenschaftler **James Watson** (* 1928) und **Francis Crick** (1916–2004) die Doppelhelix-Struktur der DNA, eine der wichtigsten Entdeckungen auf dem Weg zur Entschlüsselung des menschlichen Erbguts. Inzwischen besteht durch das, was wir heute wissen, kein Zweifel daran, dass das, was die Humanisten aller Epochen ahnten, korrekt ist: Es besteht kein Unterschied zwischen Menschen verschiedener Ethnien, sie teilen miteinander 99,9 Prozent des menschlichen Erbgutes. Zur selben Zeit formierte sich in den Vereinigten Staaten die Bürgerrechtsbewegung, die das Ende der Rassentrennung in dem Land forderte. Vor allem im Süden des Landes wurden und werden Menschen schwarzer Hautfarbe auch nach dem offiziellen Ende der Sklaverei weiter benachteiligt und diskriminiert. Am 1. Dezember 1955 weigerte sich **Rosa Parks** (1913–2005) in Montgomery, Alabama, einen Sitzplatz in einem Bus im öffentlichen Nahverkehr für eine weiße Person zu räumen. Parks wurde aufgrund dieses Vergehens gegen die Segregationsgesetze verhaftet und zu einer Geldstrafe verurteilt. Dieses Ereignis war der Funke, der die Bürgerrechtsbewegung entzündete: Die schwarze Bevölkerung der Stadt boykottierte die öffentlichen Busse für die folgenden 13 Monate. Angeführt wurde dieser friedliche Protest von einem jungen Pfarrer, Reverend **Martin Luther King Jr.** (1929–1968). Sein Engagement für die bürgerliche und soziale Gleichberechtigung der schwarzen Amerikaner gipfelte in seiner berühmt gewordenen Rede »I Have a Dream« aus dem Jahr 1963:

> Ich habe einen Traum, dass diese Nation eines Tages aufstehen und der wahren Bedeutung ihres Bekenntnisses gerecht werden wird: ›Folgende Wahrheiten erachten wir als selbstverständlich: dass alle Menschen gleich geschaffen sind.‹

Die Rassentrennung wurde 1964 mit dem Civil Rights Act abgeschafft. In diesem Jahr erhielt Martin Luther King Jr. den Friedensnobelpreis, 1968 wurde der Pastor aus rassistischen Motiven ermordet. Rassismus bildet wie gesagt auch heute noch ein massives Problem in den USA. Der Civil Rights Act und die ihm folgende Gesetzgebung sollten die rechtliche Benachteiligung aufgrund der Ethnie von Menschen beenden, eine Benachteiligung, die unter demokratischen Gesichtspunkten, wie sie heute gelten, nie vertretbar war.

Demokratien haben nach 1945, ähnlich, wie sie nach außen durch Harmonisierung des Rechts eine demokratische Sphäre

Das Hauptquartier der Vereinten Nationen im New Yorker Stadtteil Manhattan.

entwickelten, Schritt für Schritt im Inneren Rechtssicherheit für die vielen gesellschaftlichen Gruppen, die in ihr leben, gebracht – und wurden so zu liberalen Demokratien. Heute ist jede Demokratie eine liberale, so dass man den Zusatz prinzipiell auch weglassen kann. Eine Demokratie ist entweder eine liberale Demokratie – oder sie ist keine.

In diesem liberalisierenden Sinne begann in 1960er Jahren auch die schrittweise Entkriminalisierung von Homosexualität, die bis dahin als Verbrechen eingestuft worden war. Der Bundesstaat Illinois bildete 1962 den Vorreiter, als es den Paragraphen gegen sexuelle Perversionen, zu denen auch die Homosexualität gezählt wurde, abschaffte. Heute gibt es 28 Länder auf der Welt, von Taiwan bis Ecuador, in denen Homosexuelle eine Ehe schließen können. Weitere Länder wie Mexiko, die aufgrund des Widerstands der katholischen Kirche keine volle Eheschließung durchsetzen konnten, erlauben andere Varianten einer rechtlich verbindlichen und anerkannten Beziehung. Alle Länder, in denen sich eine Gleichberechtigung ohne Rücksicht auf die sexuelle Orientierung durchgesetzt hat, sind demokratisch. In nicht-demokratischen Staaten wie Russland werden Homosexuelle ähnlich, wie es Girard beschrieben hat, als Sündenböcke instrumentalisiert. Die polnische Führung, die die freiheitliche Verfassung ihres Landes Schritt für Schritt auszuhebeln sucht und das Land so aus der Koalition der demokratischen Nationen führt, deklariert weite Teile des Landes als ›**LGBT**-freien Zonen‹*. Dies erinnert in fataler Weise an die »judenfreien« Zonen in Nazi-Deutschland.

*
LGBT steht für: lesbian, gay, bisexual, transgender.

Populismus und die Wiederkehr des »starken Mannes«

Populistische Parteien wie die polnische Regierungspartei PiS (Prawo i Sprawiedliwość, dt. ›Recht und Gerechtigkeit‹) vertreten offensichtlich kein demokratisches Gesellschaftsbild mehr, sondern möchten die Errungenschaften der Nachkriegsordnung aufheben. Dabei bleiben sie bestrebt, ihren Parteien einen demokratischen Anstrich zu erhalten und nennen ihr Gesellschaftsmodell eine »illiberale Demokratie«. Damit unterstellen sie eine prinzipielle Gleichheit zwischen ihrem Modell und der Demokratie als solcher, ein, wie gezeigt wurde, höchst fragwürdiges Unterfangen. Kennzeichen von Gesellschaften, die sich nicht mehr demokratisch ausrichten, sind: Beschneidung der Rechte der Frauen, Stigmatisierung von ethnischen und religiösen Minderheiten, Dämonisierung von Homo- und Transsexuellen, Glorifizierung der eigenen Geschichte und Religion. All das geschieht gegenwärtig in Polen.

Auf der institutionellen Ebene sollen die Gewaltenteilung und mit ihr unabhängige Gerichte ausgeschaltet werden. Damit entfallen die *checks and balances*, die für jede Demokratie grundlegend sind und eine Gleichschaltung der Gesellschaft verhindern sollen. Gleichzeitig wird die unabhängige Presse attackiert und soll über kurz oder lang ausgeschaltet werden. Ähnliches findet in Ungarn statt. Seitdem sich Polen und Ungarn weigern, die Verpflichtung zur Rechtsstaatlichkeit, die die EU von all ihren Mitgliedern erwartet, anzuerkennen, ist fraglich, ob beide Länder überhaupt noch demokratische Mitglieder der Europäischen Union sind. Es steht zu befürchten, dass beiden ein ähnliches Schicksal wie der Weimarer Republik droht, nämlich die Auflösung der Demokratie durch demokratische Wahlen.

Politiker wie der ungarische Regierungschef Victor Orbán inszenieren sich als ›starke Männer‹, die zuerst den ›Willen des Volkes‹ kennen, um ihn später selbst zu verkörpern. Ab dann ist der Zugang zu öffentlichen und öffentlichkeitsbildenden Ämtern nicht mehr von Talent und Können, sondern von der Loyalität gegenüber den Machthabern und ihren Ideologien abhängig.

Ein weiterer, wesentlicher Bestandteil eines solchen ressentimentgeladenen Populismus besteht in der Diskreditierung der gesellschaftlichen Eliten. So werden Journalisten und Politiker anderer Parteien als ›Globalisten‹, ›Kosmopoliten‹, ›Gutmenschen‹ oder als ›Elite‹ mit dem Ziel geschmäht, ihre Interessen als von ausländischen Mächten fremdgeleitet und sie letztlich als Heimatlose darzustellen. Dem kosmopolitischen Ideal stellen die ›starken Männer‹ das eigene Volk sowie die eigene Religion, Sprache und Kultur als überlegenes Modell entgegen. Die ethnische und religiöse Mehrheitsgruppe muss allein und unhinterfragt die Geschicke des Gemeinwesens bestimmen.

Etwas Ähnliches geschah 2004 in Europa: Damals wurde die rechtsnationale UKIP (United Kingdom Independence Party) ins Europaparlament gewählt. Sie holte 18 Prozent und konnte zwölf Abgeordnete nach Straßburg schicken. Diese Wahl markierte eine wichtige Zäsur: Mit dem demokratischen Mittel der Wahl ins Parlament gewählt, verfolgte die UKIP das Ziel der Abschaffung desselben Parlaments, in das sie gewählt worden war. In England, wo der Zuspruch zur Europäischen Union und zu ihren Institutionen von jeher weit geringer war als auf dem Kontinent, waren Brüssel und Straßburg längst zum Sündenbock für all das geworden, was in der eigenen Politik nicht gut lief. Die Insel gegen den Kontinent, die Heimatverbundenen gegen die Kosmopoliten. Der britische Autor **David Goodhart** (* 1956) systematisierte diese Gegenüberstellung in seinem Buch *The Road to Somewhere* (2017): Er bezeichnet die Heimatverbundenen als »Somewheres«, die Kosmopoliten als »Anywheres«. Die Werte der »Somewheres« und der »Anywheres« würden sich denkbar stark voneinander unterscheiden: Während die Städte eine offene, inklusive Kultur präge, bezögen sich die Menschen auf dem Lande weiterhin auf traditionelle Werte, auf Familie und Religion. Die »Somewheres« seien, so Goodhart, die Verlierer der Gegenwart, da alle Institutionen der Gesellschaft, von den Medien über die Universitäten bis hin zum Parlament, von »Anywheres« besetzt seien.

Ähnliche Muster sind auch in den USA erkennbar. Dort bekriegen sich auch zwei Gruppen, die ›Küsten-Elite‹ (*coastal elite*) und das ›Flieg-drüber-hinweg‹-Amerika (*flyover*) seit mehr als einer Dekade ohne Rücksicht auf Verluste. Während die urbanen Küstenregionen mit überwältigender Mehrheit demokratisch und damit »anywhere« wählen, ist das Landesinnere größtenteils republikanisch geprägt, also »somewhere«.

Beide Länder, die Vereinigten Staaten von Amerika und Großbritannien, prägen heute extrem polarisierte Gesellschaften: Es wird für beide Länder schwer werden, sich von der Wahl von Donald Trump zum Präsidenten bzw. dem Brexit-Votum (beides 2016) und den daraus entstandenen Spaltungen wieder zu erholen.

Wo liegen hier die Gemeinsamkeiten? Der US-amerikanische Politikwissenschaftler **Francis Fukuyama** (* 1952) kommt zu dem Schluss, dass die einzige wirklich messbare Gemeinsamkeit zwischen denen, die Donald Trump gewählt, und jenen, die für den Brexit gestimmt haben, die Bevölkerungsdichte ihres Wohnorts ist: An den Orten, wo viele Menschen leben, stimmten sie »anywhere« ab, also gegen Donald Trump und für den Verbleib Großbritanniens in der EU. Je weniger dicht die Besiedelung ist, desto eher stimmten sie »somewhere« ab, also für Donald Trump und für den Brexit.

Populisten erheben den Vorwurf, dass ihre sogenannte »illiberale« Vorstellung nicht gleichberechtigt neben der liberalen stünde und damit den Illiberalen nicht der ihnen gebührende Platz in der Gesellschaft eingeräumt würde, ja, sie sogar von den Liberalen, den ›Gutmenschen‹ und ›Globalisten‹ an den Rand gedrängt würden. Ein geschickter rhetorischer Zug, behauptet er doch einen Zusammenhang zwischen zwei Dingen, der so schlicht und einfach nicht besteht: Medien, Universitäten und demokratische Institutionen sind nicht leere Gefäße, die man entweder liberal oder illiberal befüllen könnte. Jene Form der Demokratie, die nach 1945 etabliert wurde, ist keine neutrale, sondern eine liberale: Sie fußt auf Menschenwürde und Rechtsstaatlichkeit. Die Menschenrechte sind im freiheitlichen Verfassungs- und Rechtsrahmen die *norma normans*, der ›Maßstab aller Maßstäbe‹. In einer demokratischen Gesellschaft sollen deshalb alle Bürger in der Tat lieber emphatische Kosmopoliten als ressentimentgeladene Rassisten sein.

Wo steht die Demokratie heute?

Mit dem Fall des Eisernen Vorhangs in den Jahren 1989 und 1990 ging der große Konflikt zwischen den beiden Systemen der demokratischen und der kommunistischen Welt zu Ende. Die Demokratie, so wollten manche in einer Momentaufnahme erkennen, habe sich somit dauerhaft gegen das autoritäre Modell, das die Rechte der Menschen unterdrückt, durchgesetzt. In dieser historischen Stunde beschrieben zwei Politikwissenschaftler in den USA, wie sie sich die Weltordnung nach dem Zusammenbruch der Sowjetunion vorstellen: der eine an der Ost-, der andere an der Westküste des nordamerikanischen Kontinents. Sie waren dabei nicht nur räumlich maximal weit voneinander getrennt.

Siegeszug oder Untergang der liberalen Demokratie?

An der neuenglischen Universität Harvard verfasste **Samuel P. Huntington** (1927–2008) sein Werk *The Clash of Civilizations* (*Kampf der Kulturen*, 1996; angemessener übersetzt: ›Der Zusammenprall der Zivilisationen‹). Das Ende des Kalten Krieges stellt für ihn den Beginn einer Welt dar, in der verschiedene Kraftzentren miteinander um die Vorherrschaft ringen und dieses Ringen zu einer Art Balance der Mächte führen würde. Huntington geht dabei davon aus, dass die Bedeutung des Westens, eine der neun kulturellen Hemisphären der Welt, schwächer werden würde und andere Player, etwa die chinesische Zivilisation, umso stärker auf den Plan treten würden. Für ihn waren diese Kraftzentren nicht vom dort vorherrschenden politischen System bestimmt, sondern von der Kultur, der Sprache und der Religion, die die jeweilige Hemisphäre prägten.

An der Universität Stanford in Kalifornien präsentierte der bereits erwähnte Francis Fukuyama seine eigene Antwort auf die Herausforderung einer neuen Weltordnung, *The End of History and the Last Man* (*Das Ende der Geschichte*, 1992). Fukuyama entwickelt darin die These, dass die liberale Demokratie die Herrschaftsform der Zukunft sei, der sich nunmehr immer mehr und am Ende alle Nationen, Schritt für Schritt, zuwenden würden.

Mit nun drei Jahrzehnten Abstand kann man mit einigem Recht feststellen, dass keiner der beiden Recht gehabt hat: Die Welt zerfällt heute, anders als Huntington voraussagte, nicht in viele sich gegenseitig ausbalancierende Machtzentren, sondern ist wieder auf dem Weg in eine bipolare Spaltung: Auf der einen Seite stehen die freiheitlich-rechtsstaatlichen, demokratischen Nationen, in denen die Menschenrechte (mehr oder weniger) Grundlage der Staatsordnung sind, auf der anderen Seite die autoritär-diktatorischen Länder, die nicht nur auf ihrem Territorium die Menschenrechte missachten, sondern darüber hinaus offensichtlich mit Nachdruck darum bemüht sind, die demokratischen Länder zu destabilisieren. In diesem Konflikt stehen sich etwa die Vereinigten Staaten von Amerika mit ihren Verbündeten und die Volksrepublik China gegenüber. Das autoritäre Russland gehört nach wie vor zu den Gegenspielern der demokratischen Welt.

Diese Entwicklung straft auch den Optimismus von Fukuyama Lügen: Ein Wandel hin zu Freiheit und Menschenrechten bzw. zur Staatsform einer liberalen Demokratie erfolgt mitnichten von selbst. Die Geschichte ist keinesfalls an ihr Ende gelangt, sondern es fordern wie in der Vergangenheit auch natürliche Veränderungen und technologische Entwicklungen eine Weiterentwicklung dieser Gesellschaftsform. Doch hat Fukuyama auch in einigen Punkten Recht behalten: Vielen gilt die liberale Demokratie weiterhin als erstrebenswerte Form des Zusammenlebens (das zeigen die Proteste in Hongkong, Thailand und Myanmar). Wollten wir in diesem Sinne zusammenfassen, was Demokratie heute bedeutet, könnten wir formulieren: In einer Demokratie geht es immer um Würde und Freiheit des Einzelnen. Leicht kann man den Unterschied zwischen der Bundesrepublik Deutschland und der Volksrepublik China, zwischen Kanada und der Türkei oder zwischen Neuseeland und Russland zeigen. Die Menschen in Deutschland, Kanada und Neuseeland sind verhältnismäßigt frei: Sie können wählen, wen sie wollen, lieben, wen sie wollen, und glauben, an wen sie wollen (oder nicht). Das ist in der Volksrepublik China, der Russischen Föderation und der Türkei derzeit nicht möglich. Gleichwohl zieren sich diese autoritären Staaten mit den Zusätzen »Republik«, als ob es dort ein Recht auf Leben, Freiheit und Eigentum geben würde. Hier handelt es sich letztlich um einen Etikettenschwindel, nämlich um einen Versuch, eine demokratische Fassade aufrechtzuerhalten.

Die Demokratie, und besonders an diesem Punkt lag Fukuyama falsch, muss sich aber beständig selbst hinterfragen, muss sich ständig selbst erneuern, um ihre Versprechen einhalten zu können: Die Geschichte ist noch längst nicht an ihr Ende gelangt.

Vor welchen Herausforderungen steht die moderne liberale Demokratie? Dies soll im Folgenden diskutiert werden.

Bürgerliche und soziale Rechte

Der Soziologe und liberale Denker **Ralf Dahrendorf** (1929–2009) beschreibt in seinem Buch *The Modern Social Conflict – The Politics of Liberty* (*Der moderne soziale Konflikt. Essay zur Politik der Freiheit*, 1988) ein Kernproblem der liberalen Demokratie. Die Gründung einer *politeía* auf Menschenwürde und den aus ihr resultierenden Menschenrechten hat ganz praktische Konsequenzen. Werden diese nicht erfüllt, muss man befürchten, dass das demokratische Projekt scheitert. Die Menschenrechte werden nach Dahrendorf in zwei Bereiche aufgeteilt: den Bereich der *civil rights* und den der *social rights*, also der bürgerlichen und sozialen Rechte. Die Erstgenannten meinen Freiheiten wie Wahlrecht und Meinungsfreiheit, die Zweitgenannten beziehen sich auf Aspekte wie Schulbildung und Gesundheitsversorgung. Nur die Erfüllung beider zusammen garantiert allen einen gleichberechtigten Zugang zur demokratischen *politeía*. Und genau dieser Zugang zur politischen Arena ist einer der wichtigsten Grundsätze der politischen, demokratisch orientierten Philosophie seit der Antike.

Normalerweise gewährleistet ein Nationalstaat diesen Zugang über die Staatsbürgerschaft, die jene, die zu einem Land gehören, durch ihre Geburt und somit unabhängig von ihrem Geschlecht, ihrer ethnischen Herkunft oder Religion oder anderer Merkmale erhalten. In vielen demokratischen Gesellschaften hat die Möglichkeit zur Teilhabe in den vergangenen Jahrzehnten nachgelassen. Die *social rights* sind in der Krise: Während die Produktivität der Nationalökonomien durch Automatisierung und Digitalisierung anwächst, schlägt sich davon wenig in den Haushaltseinkommen nieder. Diese Entwicklung trifft Länder unterschiedlich stark: In den Vereinigten Staaten von Amerika und Großbritannien sind die Auswirkungen härter als in Kontinentaleuropa, denn dort sorgt der Sozialstaat dafür, die Ungleichheiten, die durch ein kapitalistisches Wirtschaftssystem entstehen, zumindest abzufedern.

Wenn die Menschen sich weniger leisten können, wird das demokratische Versprechen für Leben, Freiheit und das Streben nach Glück, das ja das individuelle wirtschaftliche Aus- und Vorankommen mit umfasst, nicht mehr eingelöst. Fukuyama hat auf diesen Umstand in seinem 2019 erschienenen Buch *Identity. The Demand for Dignity and the Politics of Resentment* (*Identität. Wie der Verlust der Würde unsere Demokratie gefährdet*) hingewiesen. Die Frustration gegenüber der Demokratie, wie sie sich in den USA mit der Wahl Donald Trumps sowie im Votum für den Brexit in Großbritannien 2016 niedergeschlagen hat, sei das Ergebnis dieser Schieflage. Die Konsequenz daraus sei eine Destabilisierung der Demokratie durch den Zorn, den Menschen aufgrund ihrer schrittweisen materiellen Ausgrenzung auf das System haben, wie Ralf Dahrendorf im Jahre 2009, während die Finanzkrise in vollem Gange war, in seinem Aufsatz »Nach der Krise? Zurück zur protestantischen Ethik« ebenfalls unterstrich. Er forderte einen Rückbezug auf die Tugend, denn das angelsächsisch-kapitalistische System berühre den Menschen nur einseitig, in seiner Eigenschaft als Konsument. Ein Konsument, der seinen

Wert an dem bemessen muss, was er sich leisten kann, verliert das Allgemeinwohl und damit seine Befähigung dazu aus den Augen, ein Zoon politikon, also ein Mensch als soziales und politisches Wesen, wie es Aristoteles nannte, zu sein. Die protestantische Ethik – in dem Sinne, wie sie Max Weber in seinem gleichnamigen Buch beschrieb – leite den Menschen ökonomisch wie politisch zu besonnenem Leben an. Diese Rückbesinnung werde dazu führen, dass Menschen nicht mehr in Kredit und Verschuldung ihr Heil suchen werden, um in der kapitalistischen Gesellschaft mithalten zu können. Vielmehr würden die »alten Tugenden« Arbeit, Ordnung, Dienst und Pflicht wieder zum Tragen kommen und dem Menschen helfen, eine Perspektive für das zu gewinnen, was nötig und was überflüssiger Luxus ist.

Die Tugendliste von Ralf Dahrendorf klingt ein wenig altmodisch. Gleichzeitig weist sie allerdings auf einen wichtigen Aspekt hin: Da in der demokratischen Welt das Ökonomische und das Politische zusammengedacht werden, setzt man auf Wachstum als Motor für beide, Wirtschaft und Demokratie. Heute sind sich jedoch viele Ökonomen darin einig, dass dieses Wachstumsparadigma überholt und deshalb eine solche Verflechtung nicht gut für die Demokratie sei.

In der Tat ist hier ein Umdenken angezeigt: Der Mensch verbraucht mehr Ressourcen, als die Erde bietet. Ein auf Wachstum angelegtes Gesellschaftssystem hat keine Zukunft, zumal das Erleben von Knappheit, seien es der wirkliche Mangel an sauberer Luft und an reinem Wasser oder allein das Gefühl und die Vorahnung von künftiger Knappheit, den Mechanismus in Gang setzt, vor dem René Girard gewarnt hat. Erinnern wir uns: Der Sündenbock-Mechanismus zündet unausweichlich dann, wenn verschiedene Gruppen um eine begrenzte Ressource kämpfen. Der Kampf um sauberes Wasser ist von Südafrika bis Pakistan bereits entbrannt, der Klimawandel wird überall auf der Welt Landflächen unbewohnbar zurücklassen.

Diese Erfahrung von Ressourcenmangel berührt auch die Akzeptanz des praktischen Kosmopolitismus, von dem Cicero spricht. Nehmen wir daher noch einmal Bezug auf das Beispiel der Flüchtlingskrise 2015/16 in Deutschland: Pflichteten der Aussage, dass Kriegsflüchtlingen generell zu helfen sei (theoretischer Kosmopolitismus) die große Mehrheit der Menschen zu, gingen die Meinungen darüber, wie weit diese Hilfe reichen solle, weit auseinander. Bei einer Umfrage, die die Universität Göttingen mit Menschen machte, die in dieser Zeit gegen die Flüchtlingspolitik auf die Straße gingen, zeigte sich, dass für sie Fragen der eigenen ökonomischen Zukunft Auslöser ihres Protestes waren. Die Mehrheit der Befragten gab als Grund die Befürchtung an, dass die wirtschaftliche Situation ihrer Kinder künftig schlechter werden würde. Daran sieht man, dass Ressourcenmangel, sei er nun gefühlt oder tatsächlich vorhanden, Ressentiments antreibt – und nicht etwa kulturelle oder religiöse Unterschiede, die häufig vordergründig als Grund für das Vorurteil gegenüber Minderheiten genannt werden. In seinem 2011 erschienenen Buch *Warum die Deutschen? Warum die Juden? Gleichheit, Neid und Rassenhass* erklärt der Historiker **Götz Aly** (* 1947) den Erfolg der Nationalsozialisten mit eben diesem Muster: Aufgrund der allgemeinen Schulpflicht, die von Bismarck für alle Deutschen eingeführt wurde, und der zeitgleich einsetzenden Emanzipation der Juden, konkurrierten am Vorabend der Weltwirtschaftskrise beide Gruppen in Deutschland um ähnliche Jobs.

Die Frage nach einer fairen und gerechten Gesellschaft ist also eine zentrale Frage für das Gelingen einer Demokratie, wie Dahrendorf gezeigt hat. Wie kann es gelingen, eine solche *res publica* zu bauen? Der Philosoph und Harvard-Professor **John Rawls** (1921–2002) versuchte darauf in seinem Werk *A Theory of Justice* (*Eine Theorie der Gerechtigkeit*, 1971) eine Antwort zu entwickeln. Rawls steht in der Tradition jener Vertragstheoretiker, die am Beginn der europäischen Neuzeit ihr Modell einer gerechten Gesellschaft, die aus dem Chaos des Naturzustands hervorgehen soll, etabliert haben: In einer Gesellschaft darf es nicht zu materieller und sozialer Ungleichheit kommen, da diese verhindert, dass alle Menschen zu gleichen Teilen an der *res publica* partizipieren können. Der liberale Moralphilosoph Rawls geht ähnlich wie Adam Smith davon aus, dass ein gewisses Maß an Ungleichheit nie ganz auszuschließen sein wird. Er gründet daher seine Theorie auf Empathie mit dem Ziel, auf Grund empathischer Erwägungen diese Ungleichheiten zu minimieren, soweit es irgend geht, wenn schon deren komplette Aufhebung als utopisches Ziel unerfüllbar bleiben muss. Rawls plädiert dafür, den Gesellschaftsvertrag so zu verhandeln, als ob niemand wisse, welchen Platz er in der künftigen Gesellschaft einnehmen würde. Diese Voraussetzung wird voraussichtlich alle dazu bewegen, sich in die verschiedensten Schicksale, die Menschen in einer Gesellschaft haben können, hineinzuversetzen. Diese emphatische Grundvoraussetzung, die Rawls »den Schleier des Nichtwissens« nennt, ist gleichzeitig die Bedingung für jede Demokratie, wie wir hier ausgeführt haben: Unabhängig von der Herkunft, vom materiellen Besitzstand und den daraus resultierenden sozialen Umständen, sollen alle aufgrund ihrer Staatsbürgerschaft ungehinderten Zugang zur Öffentlichkeit und allen Ämtern in einem demokratischen Gemeinwesen haben. Demokratien lösen heute dieses Versprechen nicht immer voll ein.

Der »Schleier des Nichtwissens« ist allzu oft durch eine gläserne Decke ersetzt worden: Zwar bestehen nominell – also weder institutionell noch rechtlich – Barrieren für einen Aufstieg, gleichwohl existieren ungeschriebene Gesetze, zweifelhafte Rollenvorbilder und Verhaltenskodizes, die gläserne, unsichtbare Schranken auf dem Weg nach oben errichten und so den Aufstieg für bestimmte Bevölkerungsgruppen verhindern. In Deutschland kommt beispielsweise nur einer von hundert Promotionsstudierenden aus einem Handwerkerhaushalt. In den Vereinigten Staaten gehen 40 Prozent der Highschool-Absolventen, die entsprechende Noten aufweisen könnten, nicht auf ein College. In beiden Fällen verhindern die gleichen Gründe einen Aufstieg: weder haben die Eltern eine höhere Schule abgeschlossen noch sind die Highschools in der Lage, die Bewerbung der Schüler adäquat zu unterstützen.

Für den Moralphilosophen Rawls ist eine solche Gesellschaft nicht gerecht. Er führt in seiner *Theorie der Gerechtigkeit* daher zwei Prinzipien ein, die Ungleichheiten, wie sie in der US-amerikanischen Gesellschaft existieren, verhindern sollen. Das erste Prinzip besagt, dass für jeden Menschen die gleichen Grundrechte und Freiheiten gelten müssen, auf Grundlage derer sie gemeinsam herausfinden und umsetzen können, was das ›Gemeinwohl‹, das *bonum commune*, in ihrer Gesellschaft sei. Der zweite Grundsatz besagt, dass soziale und wirtschaftliche Ungleichheiten nur dann existieren dürfen, wenn sie den Schwächsten in der Gesellschaft dienen – ein Postulat, das bereits im ersten Artikel der 1789 in Frankreich verabschiedeten

Erklärung der Menschen- und Bürgerrechte Niederschlag gefunden hatte. Außerdem muss allen der Bildungsweg in gleicher Weise offenstehen, so dass die öffentlichen Ämter von jedem ausgeübt werden können. Diese Grundsätze bauen nach Rawls aufeinander auf. Das bedeutet, dass auf den Prinzipien der wechselseitig zuerkannten Grundrechte und Freiheiten keine Ungleichheit welcher Form auch immer toleriert werden kann, da unter dem »Schleier des Nichtwissens« jede Ungleichheit schmerzen muss und daher mit Entschiedenheit fordert, ausgeglichen zu werden. Ungleichheit muss beunruhigen. Es gilt der Grundsatz: im Zweifel für den Schwachen.

Die Rolle der Öffentlichkeit

Themen wie das Allgemeinwohl oder die Ungleichheiten, die sich eine demokratische Gesellschaft zumuten möchte, sollten in einer demokratischen Gesellschaft in der Öffentlichkeit diskutiert werden. Diese bildete bereits in der Antike den angestammten Ort für jede politische Debatte. Im Lauf der Geschichte wurde diese Öffentlichkeit immer größer: Von der kleinen Männerelite, die das politische Leben in der griechischen Polis regelte, führte der Weg über die Ausweitung der Öffentlichkeit durch die Druckerpresse, die Massenbewegungen des Industriezeitalters, die Ausweitung der Öffentlichkeit durch das Frauenwahlrecht und das Ende der Rassentrennung. Kannten sich in Athen noch alle mit Namen, wurde die Gesellschaft immer größer und damit als Gemeinschaft abstrakter. Sie konnte dem Einzelnen in ihrer Gesamtheit nur noch über den Umweg der Medien vermittelt werden: Belege dafür, wie Medien neue Anliegen an alle Glieder der *politeía* kommunizieren und damit oft überhaupt erst das Bewusstsein für diese *politeía* wecken, liefern die politisch-religiöse Karikatur am Vorabend der Reformation oder die Flugblätter, mit denen die Suffragetten für das Frauenwahlrecht warben.

Der Politologe und Historiker **Benedict Anderson** (1936–2015) beschrieb in seinem 1983 erschienenen Buch *Imagined Communities. Reflections on the Origin And Spread of Nationalism* (*Die Erfindung der Nation. Zur Karriere eines folgenreichen Konzepts*) diesen Zusammenhang eindringlich: Mit dem Humanismus und der Reformation wurden durch den Buchdruck und die zunehmende Verwendung der jeweiligen Landessprache auf Kosten des Lateinischen der Zugang zur Öffentlichkeit, wie man das heute nennen würde, inklusiver und demokratischer. Diese Entwicklung bildet die Grundlage für eine Öffentlichkeit unter modernen technologischen Gegebenheiten. Die Sprache wird zu einem, wenn nicht zu dem entscheidenden Faktor für eine gelingende Identitätsbildung und -vermittlung. Gleichzeitig bietet sich eine merkantilistische Chance: Der Verkauf von Druckerzeugnissen bringt mit Autoren, Verlegern und Buchhändlern neue Berufsstände hervor. Anderson macht deutlich, dass der Gegensatz von Bürger und Konsument auch im Bereich von Öffentlichkeit und Medien zu einem Spannungsverhältnis führen muss.

Der deutsche Philosoph **Jürgen Habermas** (* 1929) hat mit seinem Werk *Strukturwandel der Öffentlichkeit* (1962) die bis heute gültige Vermessung der Öffentlichkeit einer demokratischen Gesellschaft formuliert und diese Standortbestimmung in seiner kritischen Diskurstheorie gefestigt. Dem Philosophen geht es unter anderem um die Bestimmung der Regeln für das Gespräch seiner Mitglieder in einer Gesellschaft, das in ihren Medien vermittelt wird. Dabei beruft er sich im Geiste

Ein Poster, mit dem die Suffragetten das Frauenwahlrecht bewarben. Oben: »Was eine Frau sein kann, ohne ein Stimmrecht zu haben: Bürgermeisterin, Krankenschwester, Mutter, Doktorin oder Lehrerin, Fabrikarbeiterin.« Unten: »Was ein Mann hätte sein können, ohne sein Stimmrecht zu verlieren: Sträfling, Geisteskranker, Halter weißer Sklaven, dienstuntauglich, Trunkenbold.«

der Aufklärung auf den Verstand und die Rationalität als nötige Kraftzentren für jeden öffentlichen Diskurs. Demokratische Gesellschaften brauchen eine Sprache, die alle sprechen und verstehen können. Damit ist nicht nur eine Muttersprache, sondern es sind im Sinne von Austin und Searle die besondere Verwendung von Sprache und die Kontexte einer bestimmten Sprachverwendung gemeint. Einen solchen Diskurs könnte man als weltlichen bzw. als säkularen Diskurs bezeichnen: Unabhängig davon, welcher Religion ein Gesprächsteilnehmer angehört oder welche Werte ihn leiten, gilt die Verpflichtung, die eigene Meinung sprachlich so zu vermitteln, dass die anderen Gesprächsteilnehmer sie ohne Spezial- und Sonderwissen verstehen können. Dabei wird den am Diskurs teilnehmenden Menschen das Recht und der Anspruch auf eigene Identitäten nicht abgesprochen. Diese verschiedenen Identitäten müssen sich allerdings in einer Sprache abbilden lassen, an der alle teilhaben können. In demokratischen Gesellschaften entstehen heute zunehmend eigene Bereiche, die sich von anderen absondern. Die dort verwendete Sprache ist nicht im klassischen Sinne eine religiöse Ausdrucksweise. Gleichwohl werden in den jeweiligen Silos Maßstäbe angelegt, die nicht notwendigerweise von Rationalität und Wissenschaftlichkeit bestimmt werden. Die Konsequenz daraus ist, dass man den anderen außerhalb der eigenen Gruppe nicht mehr versteht, nicht mehr verstehen will oder nicht mehr verstehen kann.

Die Medien vermitteln nach Habermas (und ähnlich Anderson) im rationalen Diskurs einer Gesellschaft wichtige Themen und Diskussionen. Wie der öffentlich-rechtliche Rundfunk in Deutschland, Österreich und der Schweiz üben sie in der Tat eine vermittelnde Funktion aus: Sie sollen den Menschen in Hamburg zeigen, wie Menschen in München leben und umgekehrt. So wird aus der abstrakten Bezugsgröße »Mitmenschen« oder »Mitbürger« eine konkrete Person, derer man sich in emphatischer Weise nähern kann.

Es ist daher nicht verwunderlich, dass illiberale Bewegungen in den drei genannten Ländern versuchen, die öffentlich-rechtlichen Medien als Teil jener Elite zu diskreditieren, die einer falschen, kosmopolitischen Gottheit huldigten und dabei die ›eigenen Leute‹ absichtlich übergingen. Die Behauptung einer Homogenität, aus der sich ihre Ressentiments speisen, wird durch das widerlegt, was die Medien täglich an vielfältiger Realität in einem Land spiegeln (eindrucksvoll hat Heinrich Detering dies in seinem *Was heißt hier »wir«? Zur Rhetorik der parlamentarischen Rechten* aufgezeigt: »Wir« heißt für diese Kreise vor allem »wir gegen die«).

Habermas weist darüber hinaus noch auf einen weiteren wichtigen Aspekt hin: Öffentlichkeit kann in der Demokratie durch Werbung und Lobbying gesteuert und in eine Flasche Richtung gelenkt werden. Interessenvertretung ist in einer Demokratie nicht verboten, jedoch muss sie transparent geschehen. Habermas befürchtet bereits 1962, in einer ähnlichen Geste, wie sie Arendt und Adorno gegenüber der Massenkonsumgesellschaft an den Tag legen, dass die Demokratie ihre Öffentlichkeit, ihren Markplatz nicht für die besten Argumente freiräumt, sondern für diejenigen Botschaften, die die größere finanzielle Rückendeckung haben. Menschen sollen Botschaften als Konsument anders aufnehmen und verarbeiten als als Bürger. Habermas fürchtet zu Recht (und lange, bevor mit dem Internet und den sozialen Medien ein neues Massenmedium die Demokratie herausfordert), dass dem Menschen die Fähigkeit der Unterscheidung abhandenkommen könnte. Die Konsequenz muss nicht zwingend darin bestehen, dass eine Demokratie in eine Autokratie abkippt (in diesem Fall müssten die beschriebenen populistischen Techniken entsprechenden Erfolg zeitigen und die Institutionen verändern), sondern darin, dass aus der Demokratie quasi unter der Hand eine Plutokratie oder eine Oligarchie wird. Die mannigfaltigen Möglichkeiten, Botschaften, die an die Öffentlichkeit gelangen, zu manipulieren, um dort das Handeln der Empfänger zu verändern, stellt eine der großen Gefahren für die liberale Demokratie dar.

In einer Demokratie muss es also eine Selbstverpflichtung zur Wahrhaftigkeit geben. Anderenfalls kann eine kritische Öffentlichkeit nicht funktionieren, ohne eine solche Verpflichtung kein fruchtbarer Diskurs stattfinden. Während Habermas über die strukturellen Kriterien der Beschaffenheit einer solchen Öffentlichkeit spricht, ergänzt die an der University of Pennsylvania lehrende **Sophia Rosenfeld** (* 1966) in ihrem 2018 erschienenen Buch *Democracy and Truth* dessen Überlegungen. Das eigentliche Fluidum einer Demokratie bildet Vertrauen. Dieses Vertrauen gründet auf der Vermutung, dass die Regierenden die Regierten nicht belügen, also die Wahrheit sagen und rechtschaffen handeln. Kommt es zu Skandalen, die offenlegen, dass Politiker die Öffentlichkeit betrogen haben, zieht das sofort einen Vertrauensverlust in die Demokratie als solcher nach sich.

Diese Verpflichtung auf die Wahrheit hat verschiedene Komponenten: Da ist zuallererst das Narrativ der Wissenschaftlichkeit, das eigentlich eines der stärksten tragenden Narrative der heutigen freiheitlich-demokratischen Gesellschaften sein sollte (es aber leider nicht ist). Die vorliegende Einführung in die Demokratie hat durch die Nennung herausragender wissenschaftlicher Entdeckungen herausstellen wollen, wie sehr das heutige Menschen- und Gesellschaftsbild auf dem beruht, was Technologie, Geistes- und Naturwissenschaft entwickelt haben. Im Diskurs einer Gesellschaft müssen wir daher, in Anlehnung sowohl an Habermas als auch an Rosenfeld, dem, was wir faktisch untermauert wissen können, den Vorzug vor Meinung und Spekulation geben. Auch diese Unterscheidung wurde bereits in der griechischen Antike gemacht: *epistéme* (›gerechtfertigtes Wissen‹) wurde von *dóxa* (›Meinung‹) unterschieden. Dem einfachen Volk, den Plebejern, wurde unterstellt, anfällig für Meinungen (Vermutungen, Gerüchte, Klatsch) zu sein, wohingegen die vermeintlich ›Besten‹, also die Aristokratie, sich vom Wissen leiten ließen. In einer aufgeklärten demokratisch-freiheitlichen Gesellschaft kann als legitime Meinung nur jene gelten, die auf Fakten gründet. Über die Interpretation dieser Fakten freilich darf (und wird auch) heftig gestritten werden: im Parlament, in der Universität, in den Medien und im privaten Bereich, etwa beim Abendbrot. Menschen teilen an diesen Orten informierte Meinungen. Eine bloße Meinung, die sich nicht dem Wissen verschreibt, kann ihrerseits keine »alternativen Fakten« begründen, wie es eine Spindoktorin des ehemaligen US-Präsidenten Donald Trump behauptete.

Durch die Möglichkeit, über das Internet heute unvermittelt und direkt Botschaften platzieren zu können, werden die journalistischen Gatekeeper der demokratischen Öffentlichkeit verdrängt. Dies hat zur Folge, dass eine Prüfung von Äußerungen auf ihren Wahrheitsgehalt vielfach erst dann stattfindet bzw. stattfinden kann, wenn die Botschaft bereits längst in der Welt ist. Es ist kaum zu bewerkstelligen, eine einmal in die Welt hinausposaunte Unwahrheit wieder einzufangen. Solche Fake News, also Falschbehauptungen, die absichtlich vorgenommen wurden – haben ihre Fähigkeit, demokratische Gesellschaften zu erschüttern und das Vertrauen in die Demokratie zu unterwandern, bewiesen: Die russische Führung hat 2016 die Möglichkeiten genutzt, durch Fake News den Verlauf der US-Präsidentschaftswahlen zu manipulieren. Plattformen wie Facebook oder Twitter, die sich ganz an den Konsumenten im Menschen und nicht an den Bürger richten, zeigen Werbeanzeigen, die der Präferenz eines jeden Nutzers entsprechen. Vereinfacht gesagt: Jeder, der einmal auf gewisse Fake News klickt, dem werden im Folgenden weitere ähnlich gelagerte »Nachrichten« zu diesem Thema zugespielt – mit der Konsequenz, dass der Konsument sich in seiner Haltung bestätigt sieht und sich diese Haltung bei ihm auf der Grundlage unwahrer Behauptungen möglicherweise weiter festigt.

Kosmopolitismus

Seit der Antike prägt unser politisches Denken die Fähigkeit und die Bereitschaft dazu, über die eigene Stadtmauer hinauszuschauen. Das gemeinsame Band der Mitmenschlichkeit, von dem Cicero spricht, wird als Verpflichtung gesehen, jedem anderen, unabhängig davon, ob sie oder er innerhalb oder außerhalb der eigenen *politeía* lebt, nicht gleichgültig gegenüber zu sein.

In der Welt von heute gibt es wenige Enklaven, deren Tore immer geschlossen wären. Das Wissen um die anderen ist heute konkret, viele Gesellschaften, auch die deutsche, sind zu Einwanderungsgesellschaften geworden. Kinder verschiedener Ethnien und religiöser Ansichten gehen gemeinsam in die Schule. Es wird über diese klassischen Markierungen des Andersseins, über Konfessions- und Religionsgrenzen, hinweg geheiratet. Nicht zuletzt erlauben Reisen und neue Medien vielfältige Einblicke in die Welt als Ganzes, in den *kósmos*, wie die Griechen sie genannt haben. Der Begriff »Kosmopolit« soll unter anderem von dem griechischen Philosophen **Diogenes** (um 412–323 v. Chr) geprägt worden sein. Der Denker, der der Legende nach das Leben in einem umgelegten Fass dem in einem Haus vorzog, habe auf die Frage, woher er komme, geantwortet, er sei ein »*kosmopolítes*«, ein ›Bürger der Welt‹.

Die damalige britische Premierministerin Theresa May (* 1956), die damit beauftragt worden war, das Brexit-Votum umzusetzen und das Verneigte Königreich aus der Europäischen Union zu führen, ätzte gegen die britischen, kosmopolitischen »Anywheres«: »If you believe you are a citizen of the world, you are a citizen of nowhere« (»Wenn Sie glauben, Sie seien ein Weltbürger, dann sind Sie nirgendwo Bürger«), will heißen: dann gehören sie nirgendwo hin.

May liegt damit völlig falsch: Kosmopolitismus stellt eine geistige Haltung dar, ist eine Einstellung dem Mitmenschen gegenüber und keine Staatsbürgerschaft. Ein Kosmopolit schätzt den Nationalstaat, meint Ralf Dahrendorf, denn dieser bietet nach wie vor einen verbindlichen Rahmen, in dem Menschenrechte und Menschenwürde rechtlich geschützt und umgesetzt werden können. Darüber versuchen Zusammenschlüsse von Staaten gemeinsam ein Recht zu etablieren, das die Menschenrechte über einzelne Landesgrenzen hinaus garantiert. Die Europäische Union ist so ein Zusammenschluss. Die Idee internationalen Rechts existierte seit Jahrhunderten und setzt als *ius gentium*, als ›Völkerrecht‹, heute entsprechende Standards.

Über die Haltung des Kosmopoliten schreibt der Philosoph **Kwame Antony Appiah** (* 1954) in seinen beiden Büchern *Cosmopolitanism* (*Der Kosmopolit. Philosophie des Weltbürgertums*, 2006) und *The Lies That Bind. Rethinking Identity* (*Identitäten. Die Fiktionen der Zugehörigkeit*, 2018). Für Appiah, der in England und Ghana aufgewachsen ist, hat Kosmopolitismus zwei Dimensionen: Zum einen hält er das Bewusstsein dafür wach, dass alle Menschen füreinander Verantwortung tragen, zum anderen unterstreicht er lokale Unterschiede. Ein richtig verstandener Kosmopolitismus schließt seiner Meinung nach keineswegs aus, dass man Wurzeln an einem bestimmten Ort und mit ihm bestimmte Traditionen und Überzeugungen hat, sondern ermöglicht es aufgrund dieser eigenen Erfahrung, andere Menschen wertzuschätzen, die für ihre Heimat in gleicher Weise empfinden. Wir haben den Auftrag, Sprache und Regeln dafür zu finden und zu etablieren, die aus dieser Verschiedenheit das Potential schöpfen, Fragen, deren Antworten das Wohl der ganzen Menschheit betreffen, angemessen zu entgegnen.

Martha Nussbaum (* 1947) ist der Meinung, dass eine gerechte Ordnung den vielfältigen Fähigkeiten des Menschen Rechnung tragen muss, unabhängig davon, ob diese national oder international gilt. Diese Befähigung leitet sich aus dem Wesen des Menschen ab: Zu ihm gehören von Natur aus die Anwendung der Sinne, die Vorstellung und das Denken, auf Grundlage derer er seine Intelligenz ausprägt, Überzeugungen gewinnt oder auch eine Religion praktiziert. Eine gerechte Gesellschaft ermöglicht es, diese Befähigung sprießen und blühen zu lassen. Dort, wo dies nicht gegeben ist, ist die (Mit-)Menschlichkeit in Gefahr. Sowohl nationale als auch internationale Ordnungen müssen sicherstellen, dass die Befähigung, die aus der Natur des Menschen erwachsen, auch wirklich gedeihen kann, dass also Menschenrechte aus der Würde des Menschen gedeihen können.

Demokratie, so lautet mein Fazit, ist begrenzt und entgrenzt zugleich: Ihre Legitimität gründet in der Verfassung, die die Menschenwürde in ihrem Geltungsbereich zur *norma normans* erhebt. Diese Demokratie verpflichtet sich dem Aufbau einer fairen und gerechten Gesellschaft und macht die Menschenrechte zum Maßstab sowohl innen- als auch außenpolitischen Handelns. In einer Welt, in der die Ressourcen knapp werden, wird die Verteilungsgerechtigkeit eine immer größere Rolle spielen, und zwar sowohl innerhalb von Gesellschaften als auch international. Demokratien arbeiten gemeinsam konstruktiv an Lösungen. Zusammengehalten werden sie dabei von dem Band, das alle Menschen miteinander verbindet. Und dieses Band ist aus Empathie gewoben.

Ausblick:
Eine Liga der Demokratien

Am 24. Dezember 1968 sendete der Astronaut William Anders (* 1933) ein Foto zur Erde, das er aus der Apollo-Raumfähre heraus aufgenommen hatte. Das Foto zeigt die Erde, den blauen Planeten. Als »Earthrise« (›Erdaufgang‹) wurde diese Aufnahme berühmt. Zum ersten Mal sah die Menschheit den Planeten, den sie bewohnt, vom Kosmos aus. Dieses Foto verdeutlichte ohne viele Worte, dass das Haus der Welt winzig und zerbrechlich ist. Vieles, was dort im Alltag von Menschen und im Handeln von Regierenden eine Rolle spielt, ist, aus diesem quasi göttlichen Blickwinkel gesehen, irrelevant: Ethnische, kulturelle, religiöse Unterschiede verlieren Bedeutung. »Earthrise« inspirierte die Naturschutz- und die Friedensbewegung bis heute und schärfte das Bewusstsein dafür, dass wir als Menschheit gemeinsam zusammen mit all den anderen Lebewesen diese eine Welt bevölkern.

Die berühmte Frage »Was ist der Mensch?« scheint mit diesem Foto nur eine Antwort zu bekommen: Sollten Kopernikus, Darwin und Freud den Menschen von jener zentralen Stelle im Kosmos entfernt haben, auf der er sich seit Urzeiten aufgrund mythologischer Erzählungen und religiöser Überlieferungen zu

Das Foto »Earthrise« ist die erste Aufnahme der Erde vom Mond aus. Es wurde von Apollo-8-Crewmitglied William Anders am 24. Dezember 1968 aufgenommen.

sein wähnte, so gibt ihm »Earthrise« eine neue, eigene, stärkere Perspektive zurück. Nicht ein Mensch, ein Stamm oder ein Volk ist auserwählt, sondern die ganze Menschheit, die, eingebettet in Natur und Welt, und angesichts des Nichts und der Stille des Weltraums, in dem die Planeten ihre Bahnen ziehen, etwas Besonderes ist. Der Mensch, auch das zeigt »Earthrise« auf, lebt nicht mit sich selbst allein, sondern ist ein Teil des Ökosystems der Erde, das zu erhalten seine Aufgabe ist.

Die gegenwärtige politische Situation der Welt wird geprägt durch eine erneute Verfestigung einer bipolaren Ordnung: die freiheitlich-demokratischen Nationen gegen die unfrei-autokratischen. Die Volksrepublik China positioniert sich als neuer Hegemon, als Anführer, der die etablierte Weltordnung, die auf Verfassungsstaatlichkeit und Menschenrechten fußt, auskontern will. Von Brasilien bis zu den Philippinen gibt es Anführer, ›starke Männer‹, die autokratische Wege beschreiten. Da die Machthaber dieser Nationen aufgrund der von ihnen für sich behaupteten Erwählung und Größe häufig eine konstruktive Zusammenarbeit ablehnen, dürfen die Demokratien selbstbewusst sein und darauf vertrauen, dass sie diese Auseinandersetzung mit ihnen überstehen werden. Denn was den Autokratien fehlt, weisen sie auf: Demokratien sind einander zumindest im Prinzip in einem Narrativ der Freundschaft verbunden. Dies nennt man in der Diplomatie *like-minded countries*, ›gleichgesinnte Länder‹. Die freiheitliche Demokratie verbindet Menschen. Die freiheitliche Demokratie verbindet Menschen von Ost nach West, etwa in Neuseeland, der Mongolei, den Ländern Europas, Südafrika, Uruguay oder Kanada. Die Herausforderungen, vor denen demokratische Gesellschaften stehen, können von ihnen gemeinsam angegangen werden: Wie überwinden wir Ungleichheiten? Wie modernisieren wir demokratische Institutionen? Wie stellen wir sicher, dass die Stimme der Menschen im politischen Prozess gehört wird?

Sollten Menschen eines Tages auf einem anderen Planeten landen, dürfte es ihnen so wie der Klasse 9b meines Gymnasiums gehen, die vor der Herausforderung stand, ihr neues Gemeinwesen auf einer einsamen Insel zu errichten: Sie tragen die Erfahrung ihrer eigenen Geschichte in sich. Sie wissen, dass Menschen, die einander zugetan waren, immer dann Erfolg beschieden war, wenn sie ein Gemeinwesen auf Würde und Empathie errichteten.

Lektüretipps

Anderson, Benedict: Imagined Communities. Reflections on the Origin and Spread of Nationalism. London / New York 2016.

Appiah, Kwame Anthony: Der Kosmopolit. Philosophie des Weltbürgertums. Übers. von Michael Bischoff. München 2007.

– Identitäten. Die Fiktionen der Zugehörigkeit. Übers. von Michael Bischoff. Berlin 2019.

Arendt, Hannah: Vita Activa oder vom tätigen Leben. München 1981 [u. ö.].

– Elemente und Ursprünge totaler Herrschaft. Übers. von H. A. München 1986 [u. ö.].

Canetti, Elias: Masse und Macht. Hamburg 1960 [u. ö.].

Cicero: De officiis / Vom pflichtgemäßen Handeln. Lat./Dt. Übers., komm. und hrsg. von Heinz Gunermann. Stuttgart 1976. [Reclams Universal-Bibliothek. 1889.]

Fukuyama, Francis: Das Ende der Geschichte. Wo stehen wir? Übers. von Helmut Dierlamm. München 1992.

– Identität – wie der Verlust der Würde unsere Demokratie gefährdet. Übers. von Bernd Rullkötter. Hamburg 2019 [u. ö.].

Girard, René: Der Sündenbock. Übers. von Elisabeth Mainberger-Ruh. Zürich 1988 [u. ö.].

Görlach, Alexander: Homo Empathicus. Von Sündenböcken, Populisten und der Rettung der Demokratie. Freiburg i. Br. [u. a.] 2019.

Gouges, Olympe de: Erklärung der Frauen- und Bürgerinnenrechte. In: O. d. G.: Die Rechte der Frau und andere Texte. Übers. von Ute Kruse-Ebeling. Mit einem Essay von Margarete Stokowski. Stuttgart 2018. S. 27–36. [Reclams Universal-Bibliothek. 19527.]

Habermas, Jürgen: Strukturwandel der Öffentlichkeit. Untersuchungen zu einer Kategorie der bürgerlichen Gesellschaft. Frankfurt a. M. 1990 [u. ö.].

Harari, Yuval Noah: Eine kurze Geschichte der Menschheit. Übers. von Jürgen Neubauer. München 2013 [u. ö.].

Horkheimer, Max / Adorno, Theodor W.: Dialektik der Aufklärung. Frankfurt a. M. 2012.

Huntington, Samuel P.: Kampf der Kulturen. Die Neugestaltung der Weltpolitik im 21. Jahrhundert. Übers. von Holger Fliessbach. München 2002 [u. ö.].

Levitsky, Stephen / Ziblatt, Daniel: Wie Demokratien sterben. Und was wir dagegen tun können. Übers. von Klaus-Dieter Schmidt. München 2018.

Nussbaum, Martha: Kosmopolitismus. Revision eines Ideals. Übers. von Manfred Weltecke. Darmstadt 2020.

Rosenfeld, Sophia: Democracy and Truth. A Short History. Philadelphia 2019.

Weber, Max: Politik als Beruf. Mit einem Nachw. von Ralf Dahrendorf. Stuttgart 1992 [u. ö.]. [Reclams Universal-Bibliothek. 8833.]